뉴욕의 감각

뉴욕의 감각

아트 디렉터가 큐레이팅한 도시의 공간과 문화, 라이프 스타일

초판 1쇄 인쇄 2024년 7월 3일
초판 1쇄 발행 2024년 7월 10일

지은이 박주희
펴낸이 김선식

부사장 김은영
콘텐츠사업2본부장 박현미
책임편집 강지유 **책임마케터** 최혜령
콘텐츠사업9팀장 차혜린 **콘텐츠사업9팀** 강지유, 최유진, 노현지
마케팅본부장 권장규 **마케팅1팀** 최혜령, 오서영, 문서희 **채널1팀** 박태준
미디어홍보본부장 정명찬 **브랜드관리팀** 안지혜, 오수미, 김은지, 이소영
뉴미디어팀 김민정, 이지은, 홍수경, 서가을
크리에이티브팀 임유나, 변승주, 김화정, 장세진, 박장미, 박주현
지식교양팀 이수인, 염아라, 석찬미, 김혜원, 백지은
편집관리팀 조세현, 김호주, 백설희 **저작권팀** 한승빈, 이슬, 윤제희
재무관리팀 하미선, 윤이경, 김재경, 임혜정, 이슬기
인사총무팀 강미숙, 지석배, 김혜진, 황종원
제작관리팀 이소현, 김소영, 김진경, 최완규, 이지우, 박예찬
물류관리팀 김형기, 김선민, 주정훈, 김선진, 한유현, 전태연, 양문현, 이민운
외부스태프 디자인 [★]규

펴낸곳 다산북스 **출판등록** 2005년 12월 23일 제313-2005-00277호
주소 경기도 파주시 회동길 490 다산북스 파주사옥
대표전화 02-704-1724 **팩스** 02-703-2219 **이메일** dasanbooks@dasanbooks.com
홈페이지 www.dasan.group **블로그** blog.naver.com/dasan_books
종이 스마일몬스터 **인쇄** 한영문화사 **코팅 및 후가공** 평창피앤지 **제본** 한영문화사
ISBN 979-11-306-5461-4 (03320)

뉴욕의 감각

아트 디렉터가 큐레이팅한
도시의 공간과 문화, 라이프 스타일

박주희 지음

디션북

추천사

─────────

뉴욕의 미술관은 이른 아침부터 비즈니스맨들로 북적인다. 분야를 막론하고 창조적 마인드와 감각이 필요한 시대가 되었고, 이런 감각을 기르기에 예술은 더할 나위 없는 도구이기 때문이다. 이론이나 논리로 배울 수 없는 것이 바로 '감각'이다. 그중에서도 '세계 문화의 수도'라 불리는 뉴욕이란 도시의 감각은 누구나 선망하며 알고 싶어 한다. 여기, 뉴욕에 가지 않아도 뉴욕의 감각을 대신 전해줄 책이 있다. 아트 디렉터 박주희가 10년간 뉴욕에 살면서 보고 듣고 느낀 것을 바탕으로 뉴욕의 공기와 감도를 전할 『뉴욕의 감각』이다. 특히 콘텐츠를 기획하거나 만드는 일, 창조적 발상이 필요한 일을 하는 모든 크리에이터에게 길잡이가 되어줄 책으로 이 책을 추천한다.

_서울옥션 이호재 회장

미술 일만 수십 년째 하고 있다. 언제부턴가 프랑스 파리나 영국 런던보다 뉴욕으로 출장 가는 일이 잦아졌다. 예술을 꽃피우는 문화의 중심지가 더 이상 유럽이 아닌 미국이기 때문이다. 그중에서도 특히 뉴욕은 예술이 일상인 도시다. 미술관과 박물관, 갤러리뿐만 아니라 도시 곳곳에 예술적인 영감을 주는 건축물과 가게들이 즐비하다. 샅샅이 돌아보고 싶은데 매번 짧은 일정으로 뉴욕에 들르니 갈증이 있었다. 뉴욕에서만 얻을 수 있는 크리에이티브한 영감을 발견할 때까지 뉴욕을 진득하게 관찰해보고 싶었다. 그런데 저자의 글을 보니, 내가 원한 아트 디렉터이자 생활자의 시선으로 본 디테일한 뉴욕이 있다. 살아본 사람만이 전할 수 있는 뉴욕 이야기는 낯설고도 매혹적이다. 뉴욕이 궁금하고 뉴욕을 선망하는 모든 이들에게 이 책을 권한다.

_가나아트 갤러리 이정용 대표

뉴욕에는 대회 참가차 방문해 봤을 뿐 딱히 관광을 해본 적은 없다. 2022년에 2주 정도 머물며 센트럴 파크에서 가볍게 조깅은 해봤지만, 대회에 집중하느라 뉴욕이라는 도시를 제대로 경험하지는 못한 것 같다. 다만 그때 느꼈던 감성이『뉴욕의 감각』을 읽으며 다시금 생각났다. 분주하면서도 여유 있는, 세련되면서도 정감 있던 도시였다. 나는 예술에 대해서 경험이 많지는 않지만 때때로 가나아트 갤러리에서 박주희 아트 디렉터의 그림 이야기 들으며 예술이 주는 쉼과 창의력에 영감을 얻곤 한다. 이 책을 통해서 뉴욕을 가보지 못한 분들은 그 감각을 느낄 수 있을 것이고, 가본 분들은 그 기억에 깊이 잠길 수 있을 것이다. **_프로 게이머 페이커(이상혁)**

박주희와의 첫 만남에서 흥미로운 뉴욕 이야기를 들었다. 다양한 사람들, 멋진 건축물, 아름다운 예술 작품, 맛있는 음식들… 그전까지 뉴욕에 가본 적이 없었는데 마치 눈앞에 그리는 듯 박주희의 이야기가 흥미로워서 이곳저곳 여행하는 느낌이었다. 그리고 얼마 지나지 않아 뉴욕에 들렀다. 박주희가 들려준 이야기를 한아름 안고 방문한 뉴욕은 더없이 가깝게 느껴졌다. 들은 이야기를 따라 찾아간 장소들을 직접 보니 굉장히 반갑고 행복했다.『뉴욕의 감각』을 보니 다시금 뉴욕이 떠오른다. 행복한 기억으로 가득했던 그때의 추억이 되살아난다. 진짜 뉴욕을 즐기고 싶은 이들에게 커피 한 잔과 함께 이 책을 읽어보라 말해주고 싶다. **_코미디언 조세호**

뉴욕의 감각을 찾는
여정으로의 초대

유학생 남편을 만나 결혼하면서 갑자기 뉴욕에 가게 되었다. 서울에서 태어나 한 동네에서 30년 가까이 살며 평안하고 익숙한 삶에 젖어 있던 내게는 큰 변화였다. 뉴욕에 친척이나 친구가 있는 것도 아니어서 오롯이 혼자 결정하고 부딪혀야 할 일들이 일상으로 쏟아져 들어왔다.

뉴욕 생활 초기에는 용건이 있는 곳이 아니면 가지 않았다. 생활하는 데 필요한 먹거리나 물건을 사기 위해 마트에 가거나 가끔 외식을 나가는 정도였다. 환영받지 못하는 이방인처럼 내가 갈 만한 곳이 있다고 생각하지 않았다. 새로운 곳에서의 삶은 설렘보다 외로움이 더 컸다. 무력감을 느낄 때도 있었고, 향수병에 시달릴 때도 있었다.

이때, 예술만이 나를 위로해 주었다. 마음이 힘들 때마다 미술관을 찾았다. 그림은 그저 조용히 옆에 있어 준다. 모르는 언어로 말을 걸어오지도, 낯선 시선으로 나를 쳐다보지도 않는다. 내가 말을 걸 때만 비로소 그림은 나에게 답한다.

그림에게 말 걸고, 그림으로부터 치유받기 시작하면서 자연스럽게 미술 공부를 이어서 하게 됐다. 한국에서 학부로 경영학을, 석사로 예술경영학을 공부한 터라 이 선택이 운명처럼 느껴졌다. 미국을 대표하는 예술 전문 옥션 중 하나인 크리스티 옥션 하우스가 운영하는 교육 기관 크리스티 에듀케이션에서 예술경영과 서양 미술사 교육 과정을 함께 수료했다. 그때부터 나의 뉴욕 생활은 달라졌다. 여행객이나 이방인이 아닌 뉴요커처럼 뉴욕 곳곳을 누볐다. 뉴욕에 머물던 시간 동안 거의 매일 온갖 곳을 돌아다니며 뉴욕의 모든 것을 흡수했다. 센트럴 파크, 메트로폴리탄 미술관, 록펠러 센터 같은 랜드마크는 물론이고 생활자만이 알아볼 수 있는 특색 있는 독립서점, 뉴욕 외곽의 미술관, 조그마한 갤러리를 찾아다녔다. 그 경험의 순간들을 사진으로, 또 글로 기록했다. 내 발로 걸어가 내 눈으로 본 뉴욕이라는 도시의 모든 것을 몸과 마음에 새겼다. 그리고 그 경험을 바탕 삼아 뉴욕의 갤러리에서 아트 디렉터로서 새로운 길을 걷기 시작했다. 한국의 예술 작품을 세계에 알리고, 한인 화가들이 뉴욕에 진출할 수 있도록 도왔다. 좋은 기회를 얻어 해외로 유출된 우리 문화재를 한국으로 반환하는 일에 동참하기도 했다. 그런 시간을 보내며 나는 점차 뉴욕에 물들어 갔다. 그렇게 10년을 보내자 향수병에 시달리던 나는 온데간데없이 사라졌다. 돌아올 때는 되레 아쉬움을 잔뜩 남긴 채 뉴욕을 떠났다.

한국에 돌아온 뒤로도 여전히 아트 디렉터로 일하고 있다. 누구보다 빠르게 최신 트렌드를 익히고, 고객의 니즈를 파악하고, 콘셉트를 잡아 전시를 열거나 공간을 꾸민다. 예민한 감각 없이는 할 수 없는 일이다. 사실 감각이란 건 쉽게 길러지지 않는다. 이론도, 공식도 없어서 온전히 보고 듣고 느끼며 스스로 체득해야 한다. 나만의 관점을 만들고 감각을 키우기 위해선 다양한 경험과 치열한 고민이 필요하다. 그런 의미에서 뉴욕 생활은 내 인생에도, 커리어에도 많은 영향을 주었다.

세련되고 예민한 감각을 기르기에 뉴욕만큼 최적의 장소도 없을 것이다. 도시 곳곳이 예술적이다. 모든 건물과 조형물, 길거리 표지판에서조차 디자인적 감각이 배어나 있다. 수많은 제품과 브랜드, 취향과 문화가 뉴욕에서 시작해 전 세계로 퍼진다. 뉴욕에서 처음 생긴 쇼핑몰이, 커피숍과 레스토랑이, 갤러리와 아트페어가 뉴욕이라는 브랜드를 달고 수출된다. 지금 이 시대, 뉴욕의 감각 자본은 사람들에게 가장 사랑받는 취향이자 비즈니스적 자산이다.

책의 제목은 기획 초기부터 '뉴욕의 감각'이라 지었다. 내가 뉴욕에서 얻은 영감과 취향을 전하고픈 뜻을 담았지만 다양하면서도 조화롭고, 예민하면서도 거칠고, 빠른 듯하면서 느리고, 트렌디하면서도 클래식한 뉴욕이라는 도시 그 자체가 얼마나 감각적인지를 말하고 싶은 마음이 더 컸다.

1부 '공간, 사람을 끌어당기는 중력'에서는 뉴욕이라는 도시의 풍경을 만드는 공간과 장소를 만난다. 세계 최정상 뮤지컬 공연들을 하루도 빠짐없이 공연하는 거리(브로드웨이)에서부터 자본가의 힘을 보여주는 개인 소장품 박물관(모건 라이브러리 앤 뮤지엄), 여성들의 숨겨진 욕망을 자극하는 속옷 가게에서 전 세계 여성들의 로망이 된 브랜드(빅토리아 시크릿) 등을 통해 미국다움이 어떻게 세계를 지배하고 뉴욕다움이 어떻게 사람들을 사로잡았는지 살펴본다.

2부 '예술, 시간이 흘러도 퇴색되지 않는 아름다움'에서는 뉴욕을 감각적이고 세련된 도시로 만드는 데 혁혁한 공을 세운 미술관과 박물관, 갤러리 등을 돌아본다. 도시 외곽의 폐공장을 개조한 미술관(디아 비컨)이나 중세 유럽을 그대로 구현하기 위해 실제 유럽 수도원 건물의 잔해를 가져와 세운 박물관(클로이스터스)을 모르는 사람들이 많다. 메트로폴리탄이나 모마 등 잘 알려진 곳만 둘러보고 오기엔 아까운 예술의 도시가 바로 뉴욕이다. 또한 전 세계에서 가장 크고 활발한 미술시장이 열리는 풍경을 아트페어와 옥션을 통해 전한다. 세계 최대, 최고의 명성을 가진 미술 행사나 예술품 경매는 이제 런던이나 파리가 아닌 뉴욕에서 열린다. 그만큼 세계 문화의 중심이 미국으로 옮겨왔다는 방증일 것이다.

3부 '문화, 다채로운 이야기 가득한 뉴요커의 일상'에서는 뉴욕이라는 도시가 어떻게 사람들을 변화시키고 이야기를 만들며 그들만의 문화를 만들어가는지 살펴본다. 우리가 '뉴요커'라 부르며 선망하는 이들이 어떤 삶을 사는지 알 수 있는 생활감 가득한 이야기를 담았다. 농부들과 농산물을 직거래하는 시장(파머스 마켓)에서는 오가닉한 삶을 추구하는 뉴요커의 라이프 스타일을, 아이가 탄생할 때 백악관에서 축하카드를 보내는 이벤트에서는 미국이란 나라가 시민의 탄생을 대하는 자세를 읽을 수 있다. 그 외에 자산가뿐만 아니라 일반 시민에게도 일상화된 기부 문화(어답트 벤치)나 오래된 문화를 지켜나가고(라디오시티 뮤직홀), 아픈 기억까지 담담히 품고 살아가는 뉴욕 사람들의 일상(9.11 메모리얼 파크)을 전한다. 상징적 이미지로만 소비해 왔던 뉴요커의 진짜 일상을 최대한 보고 느낀 그대로 솔직하게 담으려 애썼다.

마지막으로 4부 '맛, 마음까지 열고 닫는 음식의 힘'에서는 혀를 즐겁게 해줄 뿐만 아니라 마음까지 움직이는 뉴욕의 음식들을 소개한다. '뉴욕' 하면 떠오르는 스테이크 하우스(피터 루거)나 치즈케이크 가게(주니어스)는 물론이고 이탈리안 레스토랑(밥보)이나 중국 요릿집(조스 상하이) 같은 이국의 음식점도 함께 소개한다. 뉴욕만큼 국적과 인종, 종교나 입맛 등이 다른 사람들이 모여 사는 곳도 드물다. 그렇지만 맛있는 음식을 파는 곳에서 식사를 하며 행복을 느끼는 사람들의 표정은 피부색이나 쓰는 언어와 관계없이 비슷할 것이다. 유난히 고됐던 어느 겨울날, 정성 가득하고 온기 있는 음식을 먹고 웃으며 다시 힘을 낼 수 있었던 내가 그랬듯 말이다.

이 책을 통해 뉴욕의 숨은 감각을 알려주려 한 내 노력이 독자들에게 잘 가닿길 바란다. 뉴욕은 물리적 공간 그 이상으로 마치 하나의 유기체처럼 살아 숨 쉰다. 그래서 뉴욕만의 감각을 전하는 일은 잠깐의 대화나 짧은 글로 전달하기 어렵다고 느꼈다. 이렇게 책을 빌려 뉴욕이라는 도시를 온전하게 담아내고 싶었다. 내가 이방인이자 뉴요커로서 고민했던 질문에 대한 답과 유학생이자 아트 디렉터로서 뉴욕에서 얻었던 영감을 함께 찾아가는 과정이 너무 어렵지 않게 전달되길 바라며 최대한 일상의 언어로 써 내려갔다. 뉴욕의 공기가, 뉴욕이라는 감각이 은근하게 전해졌으면 하는 마음에서다.

부디 이 책이 새로운 감각과 트렌디한 안목에 목마른 독자들에게 도시라는 브랜드를 탐험하는 가이드로 유용하게 읽히길 바란다. 콘텐츠 기획자나 마케터처럼 새롭고 창의적인 시각이 필요한 사람들이 읽고 자신의 이야기를 들려주면 더욱 좋겠다. 뉴욕 유학을 준비하는 학생에게도 조금이나마 도움이 될 것 같다. 지금 뉴욕에 머무는 이들의 외로움이나 답답함에 공감해 주고도 싶다. 미약

하나마 이 책을 읽는 사람들에게 다양한 생각 거리와 통찰을 주고 위로까지 해줄 수 있다면 더할 나위 없이 기쁘겠다.

Contents

공간, 사람을 끌어당기는 중력

Chapter 2

예술, 시간이 흘러도 퇴색되지 않는 아름다움

문화, 다채로운 이야기 가득한 뉴요커의 일상

맛, 마음까지 열고 닫는 음식의 힘

Cha|

pter 1

공간,
사람을
끌어당기는
중력

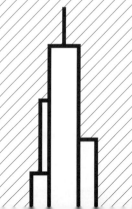

도시 위를
걷는 길

하이라인 파크

×

www.thehighline.org

뉴욕에 머무른 지 일 년쯤 됐을 무렵이다. 그때까지도 나는 내가 뉴욕에 살고 있다는 사실이 어쩐지 현실 같지 않았다. 여행객도, 뉴요커도 아닌 애매한 존재로 살아가는 듯했고, 여전히 낯설고 이제 조금 익숙한 이곳에서 땅 위를 5센티미터쯤 떠다니는 듯했다. 당시 나는 첼시 지역의 갤러리에서 일하고 있었는데, 매일 아침 하이라인 파크를 지나 그곳으로 출퇴근했다. 하이라인 파크의 길을 쭉 따라 걸으며 종종 이곳이 지금 나 같다는 생각을 하곤 했다. 분명 발 딛고 있지만 땅에서 조금은 떠 있는 이곳 같은 나, 나의 뉴욕 일상.

하이라인 파크는 수십 년 동안 시간이 멈춰 있던 옛 기찻길에 만

들어진 공원이다. 맨해튼의 서쪽 허드슨강을 따라 버려진 상업용 철도를 리모델링한 것으로 철근 구조물을 활용해 새롭게 보도를 깔았다. 2009년에 완공되었으며 2층 높이(약 7.5미터)에 총 길이 2.3킬로미터로 한두 시간이면 부담 없이 걸을 수 있다. 버려진 철로를 철거하지 않고 그대로 살려 도시 재생에 기여한 것도 높이 살 만하지만, 차로 위에 고가도로처럼 만들어져 있어 뉴욕의 복잡한 건물 사이사이를 거침없이 걸어갈 수 있다는 점이 매력적이다. 러시아워와 상관없이 자유롭게 뉴욕 한복판을 만끽할 수 있는 것이다.

하이라인 파크는 오래된 기찻길 위에 자연적으로 자라난 풀과 꽃을 인공적으로 덮지 않고 남겨둬 길과 어우러지게 설계했다. 그래서 보도가 반듯하지 않고 좁거나 길거나 넓은 자유로운 형태로 이어지며 풀이 무성한 곳도 있다. 그래서 하이라인 파크는 직선으로 걸을 수 없다. 곳곳에서 나타나는 풀과 꽃이 발걸음을 조심스럽게 만든다. 하지만 보도와 높이가 비슷하기 때문에 시야를 방해하지도 않는다. 자연스럽게 녹이 슨 갈색의 철길에 뿌리를 내린 꽃과 풀, 양쪽에 늘어선 개성 있는 건축물, 달리는 차를 바라보며 내 속도로 걸어갈 뿐이다.

거의 매일 이곳을 지나다니며 뉴욕에서 하이라인 파크만큼 시간과 공간이 아름답게 어우러지는 풍경을 만날 수 있는 곳이 있을까 생각했다. 이른 아침이면 신선한 공기와 출근하는 뉴요커의 활기찬

발걸음이 어우러지고, 해질녘이면 붉게 변한 하늘이 더 가까이 보여 집으로 돌아가고픈 마음에 발걸음을 재촉하게 되는 곳. 어떤 날은 공원에서 지층으로 내려갈 수 있도록 군데군데 설치된 계단에 멍하니 앉아 불멍 아닌 차멍, 도시멍을 하기도 했다. 특히 노을이 예쁜 날이면 꼭 발걸음을 멈추고 도시 속 빨간 태양이 사라져 가는 모습을 바라보았다. 가끔은 〈레이니 데이 인 뉴욕〉의 남주인공 개츠비(티모시 샬라메)가 내 옆에 함께 앉아 있는 모습을 상상하며.

하이라인 파크는 뉴욕 중심가를 관통하는 곳이다 보니 빌딩이나 고급빌라들이 바로 옆에 맞닿아 있다는 점도 재밌다. 보통의 경우라면 올려다보기만 해야 할 건물을 눈높이에서 바라볼 수 있다. 그중에서도 동대문 디자인플라자를 건축한 자하 하디드Zaha Hadid가 만든 웨스트 첼시 콘도 빌딩은 물이 흐르는 듯한 부드러운 곡선이 인상적이다. 영국의 디자이너 토머스 헤더윅Thomas Heatherwick이 디자인한 랜턴하우스 아파트는 마치 랜턴처럼 튀어나온 창문이 층층이 쌓인 것이 특징인데 하이라인 파크 양옆에 위치해 색다른 풍경을 보여준다.

선팅하지 않은 집들이 대부분이라 종종 큰 창 너머로 그곳 주민들의 일상을 마주하곤 했다. 출근길에는 이른 아침 창으로 쏟아지는 햇빛에 눈을 뜨고 커피 한잔을 마시는 누군가의 모습을, 퇴근길에는 하이라인 파크가 보이는 거실에서 가족들과 저녁을 먹거나 작은 파티를 즐기는 누군가의 삶을 엿보았다. 하이라인 파크가 보여준 뉴요커들의 일상은 생각보다 특별하지 않았지만 따뜻했다. 비로소 나는 깨달았던 것 같다. 사람이 살아가는 모습은 이곳에서 오래 산 거주민이든 이제 막 정착한 나 같은 이방인이든 별반 다르지 않다는 걸. 그렇게 나는 하이라인 파크를 매일 오가며 조금씩 마음을 놓고 뉴욕에 물들어 갔다.

Bergdorf Goodman

뉴요커의 하이엔드
취향

버그도프 굿맨 백화점

×

754 5th Ave, New York, NY 10019
www.bergdorfgoodman.com

드라마 〈섹스 앤 더 시티〉 속 뉴요커이자 인기 칼럼니스트인 캐리
는 글솜씨만큼이나 탁월한 패션 센스로 유명하다. 멋진 옷은 물론
이고 그녀의 트레이드 마크나 다름없는 마놀로 블라닉 구두를 신
고 뉴욕 거리를 활보하는 모습은 시청자들로 하여금 성공한 커리
어우먼의 멋진 삶에 대한 로망을 갖게 하기에 충분했다. 〈가십 걸〉
은 또 어떤가. 뉴욕 맨해튼 최상류층 고등학생들의 사랑과 우정을
다룬 하이틴 로맨스 드라마였지만 스토리만큼이나 눈길을 끌었던
것이 여주인공인 세레나나 블레어의 고급스럽고 세련된 옷차림이
었다. 수많은 미드 중 〈섹스 앤 더 시티〉나 〈가십 걸〉이 유독 인기
를 끌었던 데는 주인공들의 멋진 차림새가 한몫을 단단히 했다.

뉴욕이라는 도시의 정체성을 단순히 '화려함' 하나만으로 명명할 순 없지만 분명 누군가는 '뉴욕' 하면 화려하고 빛나는 삶을 그릴 것이다. 성공한 커리어우먼, 세련된 뉴요커, 명품 옷을 걸치고 멋진 구두를 신고 뉴욕 거리를 활보하는 꿈을 잠시라도 꾼 사람이라면 뉴욕에서 버그도프 굿맨 백화점을 지나칠 수 없다. 명품 로고가 크게 박힌 쇼핑백을 잔뜩 든 캐리나 세레나를 만날 것 같은 하이엔드 취향의 고급스러운 물건들이 가득한 백화점이 바로 여기, 버그도프 굿맨이기 때문이다.

이곳은 1901년에 문을 열어 120여 년의 역사를 자랑하는 유서 깊은 백화점이다. 여러 지점을 둔 다른 백화점들과 달리 맨해튼의 5th 애비뉴에 여성관 건물 하나, 남성관 건물 하나밖에 없지만, '뉴욕' 하면 떠오르는 백화점이자 꼭 들러야 할 백화점으로서 존재감이 확실하다. 그건 아마도 버그도프 굿맨만의 개성 때문일 것이다.

분위기 있는 웅장한 문을 들어서면 펼쳐지는 건물 내부는 우리가 생각해 왔던 백화점이라는 곳의 틀을 깬다. 대개 백화점 하면 층별로 쇼핑 섹션을 나누고 층 안에서 또 브랜드별로 매장을 나눈 모습을 상상한다. 그러나 이곳은 마치 잘 차려진 편집숍 같다. 품목별로 나눠진 공간에서는 브랜드에 상관 없이 맘에 드는 제품을 집어 비교해 볼 수 있다. 다른 백화점에서 이브닝 드레스를 사기 위해 온갖 브랜드 매장을 다 들어가 봐야 하는 불편함이 있다면, 이곳에서는 이브닝 드레스가 큐레이팅된 공간에서 오직 이브닝 드레스만 여러 브랜드별로 비교해서 보고 구입할 수 있다.

　쇼핑은 즐거운 일이지만, 물건 하나를 구입하기 위해 취향에 맞지 않는 곳까지 일일이 둘러보는 것은 피곤한 일이기도 하다. 그런 면에서 버그도프 굿맨은 고객에게 합리적인 동선으로 편리함을 주고, 섬세한 큐레이팅으로 취향을 찾을 수 있게 돕는다. 브랜드별로 매출을 올리는 데 집중하기보다 '백 가지 재화를 판매하는 곳'이라는 뜻에서 백화점의 존재 의의를 그대로 구현한 곳이기도 하다. 무엇보다 말로 형언하기 어려울 만큼 세련되고 멋진, 버그도프 굿맨만이 할 수 있는 감각적인 큐레이팅이 구매자들의 쇼핑 욕구를 자극한다. 신상품이나 베스트셀러를 위주로 한 일반적인 큐레이팅과는 격이 다르다.

　크리스마스 때 유독 화려해지는 쇼윈도 또한 유명한 볼거리 중 하나다. 2주에 한 번씩 바뀌는 쇼윈도는 미술 작품을 전시해 놓은 듯해서 버그도프 굿맨이 뉴욕 거리의 표정을 바꾸는 백화점이라는 생각까지 들게 한다. 겨우 2주 만에 바뀌는 게 아쉽기도 하지만 새로운 쇼윈도는 어떤 모습일지 기대되기도 한다. 백화점의 쇼윈도가 얼마나 예술적일 수 있는지 확인하고 싶다면 버그도프 굿맨을 꼭 봐야 한다.

　명품뿐만 아니라 자체 제작 브랜드인 '버그도프 굿맨 컬렉션'

도 있어 더 다채롭게 쇼핑을 즐길 수 있는 곳이 바로 이곳, 버그도프 굿맨 백화점이다. 100년이 넘는 시간 동안 굳건히 입지를 다질 수 있었던 건 버그도프 굿맨만의 전략 덕분이다. 편집숍이라는 방식은 고객이 좀 더 주체적으로 제품을 찾고 구매하는 기쁨을 준다. 그것은 자신의 취향을 발견하고 욕망을 실현하는 것과도 직결된다. 소비하는 인간의 본질적 욕구를 건드린 버그도프 굿맨의 전략은 결국 뉴요커를 매료시키는 데 완벽하게 맞아들었다. 시간이 흘러도 누군가 계속 찾는 곳이 되기 위해서는 정체되기보다 끊임없이 연구하고 발전하며 자신만의 색깔을 찾는 것이 중요하단 사실을 이곳을 보며 다시 한번 깨닫는다.

Macy's

국민 백화점의
조건

메이시스 백화점

×

151 W 34th Ave, New York, NY 10001
www.macys.com

제임스 캐머런 감독의 〈타이타닉〉(1997)은 실화를 바탕으로 만들어진 영화다. 1912년, 세계 최대의 여객선이었던 타이타닉호가 빙산에 부딪혀 침몰하는 와중에 남녀의 사랑 이야기가 아름답게 그려진다. 〈타이타닉〉을 본 사람이라면 두 남녀 주인공 외에도 기억에 남는 사람들이 있을 것이다. 배가 침몰하는 순간 혼란스러운 갑판 위에서 승객들에게 찬송가를 들려주는 밴드 연주자들, 선실 안에서 마지막으로 동화책을 읽어주며 아이들을 재우려는 엄마 같은. 나는 선실 침대에 누워 서로 끌어안고 죽음을 기다리는 노부부의 모습이 오래도록 기억에 남았다. 1등실 승객이라 구명보트에 탈수 있었지만 기꺼이 자리를 양보하고 서로를 껴안은 채 최후를 맞이한 부부의 존엄한 최후는 실제로 메이시스 백화점의 경영자였던 슈트라우스 부부의 이야기를 모티프로 했다고 한다.

이시도르 슈트라우스 Isidor Straus 는 성공한 사업가로 그의 형과 함께 메이시스 백화점을 공동경영했다. 그는 경영자로서 백화점을 훌륭히 운영했을 뿐 아니라 보건과 교육에도 관심이 많아 자선사업도 많이 펼쳤다고 한다. 젊은이에게 자리를 양보하겠다며 죽음을 선택한 그의 삶은 마지막까지 아름다웠다.

부부의 결말만큼이나 메이시스 백화점을 수식하는 말들은 무척이나 아름답다. '미국의 국민 백화점' '미국인이 가장 사랑하는 백화점' '미국 백화점의 자존심'. 메이시스 백화점의 이름 앞에 붙는 빨간색 별 모양은 뉴욕을 넘어서 미국에서의 쇼핑을 상징하는 하나의 이미지가 되었다.

미국 전역에 지점이 있기도 하지만, 메이시스 백화점이 미국을 대표하는 백화점이 된 더 큰 이유는 비단 규모나 점포의 개수 때문만은 아니다. 자신의 역사와 미국의 역사를 연결해 미국의 자부심을 지켜가는 곳이기 때문이며, 경영자의 마인드 또한 인류애와 연결되어 있기 때문이다. 특히 뉴욕의 메이시스 백화점은 미국의 독립기념일(7월 4일)과 추수감사절 Thanksgiving Day 을 매우 중요하게 여겨 각종 행사를 연다.

1976년부터 메이시스 백화점에서는 미국의 독립기념일을 축하하기 위해 불꽃 축제를 연다. 매년 여름, 이스트 리버에 바지선을 띄우고 하늘로 6만여 발의 폭죽을 발사하는데, 화려한 뉴욕의 밤하늘이 더욱 화려해진다. 이 시기에 뉴욕에 있다면 여름의 밤하늘을 수놓는 메이시스의 불꽃을 꼭 만끽해 봐야 한다.

추수감사절 퍼레이드는 1924년부터 시작한 유서 깊은 퍼레이드로 아침 9시부터 3시간 동안 진행된다. 초창기에는 직원들이 직접 독특한 옷을 입고 행진하거나 동물들과 함께 퍼레이드를 했는데, 최근에는 가수들이 공연도 하고 인기 있는 캐릭터 인형까지 등장해 더욱 다채로워졌다. 우리나라의 캐릭터 '아기상어'가 등장해 등장해 화제가 되기도 했다.

뉴욕에 살면서 독립기념일과 추수감사절에 종종 메이시스 백화점을 방문했다. 특히 아이가 불꽃놀이를 좋아해 독립기념일은 빼먹지 않고 백화점으로 갔다. 이것저것 쇼핑하고 가족들과 외식을 한다. 그러곤 불꽃이 잘 보일 만한 곳에 자리를 잡고 하늘 높이 날아오르는 꽃들을 기다린다. 좋은 자리를 선점하기 위해 아침 일찍부터 나서는 이들도 많다.

미국의 독립을 기념하는 7월 4일은 미국인들에게 엄청난 축제의 날이다. 스스로 독립을 쟁취했다는 자부심에 세계 최고의 강대국이 되었다는 자존심까지 더해져 거리에서도 방송에서도 독립기념일을 축하하기 바쁘다. 불꽃이 솟아오를 때마다 사람들의 얼굴에 피어오르는 미소를 보고 있노라면 미국인으로서의 자부심이 엿

보이는 듯도 하다. 미국인은 아니지만 슬쩍 그들의 행복에 발 담가 본다. 거기에 더해 이런 뜻깊은 날마다 박물관이나 기념관이 아닌 백화점을 찾게 만드는 메이시스의 경영 철학에도 존경을 표한다. 국가를 대신하는 듯 행사를 여는 백화점을 어찌 사랑하지 않을 수 있을까. 이 사랑스러운 백화점이 앞으로도 오랫동안 '미국의 국민 백화점'으로서 이름을 지켜나가며 영원하길 바란다.

돈의 힘이란
이런 것

모건 라이브러리 앤 뮤지엄

×

255 Madison Ave, New York, NY 10016
www.themorgan.org

모건 라이브러리 앤 뮤지엄을 이야기하기 위해서는 존 피어폰트 모건[John Pierpont Morgan]이 누구인지 알아야 한다. 그는 경제에 조금이라도 관심이 있다면 누구나 알 만한 미국의 대표적 금융 회사인 JP 모건 체이스의 설립자이다. 19세기 말부터 20세기 초에 걸쳐 일어난 여러 차례의 경제공황과 남북전쟁 등 미국의 위기 상황 속에서도 냉철한 분석과 과감한 투자로 회사를 키웠다. 그는 전 세계적으로 인정받는 금융가였으며 당시 미국 경제를 이끄는 중요한 사람 중 한 명이었고 지금도 세계 금융사史에 이름이 오르내리는 입지적 인물이다. 물론 남북전쟁 당시 중고 무기를 비싼 가격에 팔고, 금을 사재기해서 해외로 빼돌렸다가 되팔고, 독과점 기업을 양산해 때

돈을 벌어 비난을 받는 인물이기도 하다.

경제인으로서 존 피어폰트 모건은 명과 암이 뚜렷하다. 그러나 한 인간으로서 그는 높은 안목을 자랑하는 예술품 수집가였다. 당시 상류층들이 수집하는 미술 작품에만 그치지 않고 서적, 지도, 악보 등 예술품이라 일컬을 수 있는 모든 것을 수집했다. 바로 그 흔적이 모건 라이브러리 앤 뮤지엄에 남아 있다. 모건 라이브러리 앤 뮤지엄에서 가장 인기 있는 수집품은 구텐베르크 성경 초판이라고 한다. 구텐베르크 성경 초판은 총 150권이라고 하는데 그중 3권이 모건의 손에 있다. 그 외에도 독립선언서 사본, 영국 소설가 찰스 디킨스^{Charles Dickens}의 『크리스마스 캐럴』초판본 등이 이곳에 있다.

모건 라이브러리 앤 뮤지엄은 실제로 모건이 살았던 집을 개조해 만들었다. 건물 자체가 예술품이라 할 만큼 아름답다. 특히 모건의 서재는 붉은 실크 벽지, 붉은 벨벳 카펫으로 장식된 3층 규모의 빨간 방인데 그 분위기가 웅장하기도, 고급스럽기도 하면서 또 따뜻하다. 책장에는 1만 권에 이르는 어마어마한 책이 빼곡하게 꽂혀 있는데 그 광대함에 입이 떡 벌어진다. 꽂혀 있는 것만 1만 권일 뿐 희귀 서적은 공개되지 않은 공간에 보관되어 있다고 하니, 실제 얼마나 많은 책이 있을지 가늠하기 어렵다. 책들은 말 그대로 '전시' 되어 있어서 손으로 직접 책을 만지거나 펼쳐볼 수 없다. 그래서 엄밀히 말해 이곳은 도서관이라기보다 책 박물관에 가깝다.

이 전설적인 부호는 예술적 취향을 충족하는 일에 관해서라면 돈으로 할 수 있는 모든 것에 욕망을 품었던 인물인 듯하다. 그의 수집품은 총 5만 점 정도로 추정되는데 사후에 아들인 존 피어폰트 모건 주니어가 컬렉션의 절반 이상을 팔고, 그 나머지의 일부를 메트로폴리탄 미술관에 기증했다. 그러고도 남은 수집품만으로 이렇게 자신의 집을 뮤지엄으로 만들 수 있을 만큼 물건을 모은 것이다. 귀한 물건을 소유하고픈 마음에 더해 이 모든 것을 살 수 있는 재력을 과시하고픈 욕구, 수집품으로 자신의 취향을 드러내고픈 욕망의 결과물이 아니었을까 추측해 본다.

뮤지엄 자체만 해도 그렇다. 오랜 시간이 묻어나는 고서와 천장을 장식하는 르네상스식 회화, 색색의 빛을 만드는 스테인드글라스 창에 둘러싸인 건물 안에 있다 보면 마치 중세 시대 유럽의 어느 귀족 저택에 와 있는 것 같다. 1906년에 만들어졌다고 믿을 수 없을 만큼 우아한 분위기가 고풍스럽기 그지없다. 르네상스식으로 지어진 집 또한 유럽의 귀족처럼 되고 싶었던 그의 허영 가득한 바람을 반영한 것이 아니었을까?

사실 그 당시 많은 미국의 대부호가 유럽 문화를 동경했던 만큼 모건만 유별났다고 볼 수 없다. 청소년기를 유럽에서 보낸 기억에 기댄 그만의 취향일 수도 있다. 어쨌거나 모건만큼이나 자신의 욕망에 충실하고 100퍼센트 구현한 인간이 있을까 싶긴 하다. 그래

도 모건 덕분에 현재를 사는 우리가 이렇게 멋진 예술품을 한 자리에서 볼 수 있게 된 건 고마운 일이다. 모건은 예술의 불모지였던 뉴욕을 세계 문화의 중심지로 만든 데 공헌한 사람이다. 생전에 사업가로서의 행보는 비판할 일도 있지만, 시간이 흐르면 결국 모건은 미적 감각이 탁월했던 컬렉터로 남을 것 같다. 역사는 아득하게 지나가도 그의 소장품은 오래도록 사람들 곁에 머무를 테니 말이다. 어쩌면 모건의 부와 명예는 미국이라서 지켜지는 것일지도 모른다. 그의 과오는 티끌이 되고, 그의 돈으로 수집한 물건이 업적으로 기억되는 건 미국이 자본주의의 첨단을 걷는 나라여서 가능한 것은 아닌지 한번 생각해 볼 필요가 있다. 물론 돈의 힘은 위대하며, 컬렉션이 아름다운 건 부정할 수 없지만 말이다.

도시 재생의
미학

첼시 마켓

×

75 9th Ave, New York, NY 10011
www.chelseamarket.com

우리가 흔히 만나는 마켓은 열린 공간이다. 한국 같은 경우 지붕은 있지만 긴 통로를 통해 입구와 출구가 트여 있고 내부 또한 열린 공간의 분위기를 준다. 일본이나 유럽의 마켓도 보통 넓은 광장이나 공원에서 저마다의 상품을 판매하는 열린 공간이다. 북적거리는 열린 공간에서 판매하는 사람과 구입하는 사람이 활기차게 어우러지는 것이 우리가 보통 생각하는 마켓이다.

하지만 뉴욕의 첼시 마켓은 독특하게도 벽돌로 만든 네모반듯한 건물 안, 닫힌 공간에 위치해 있다. 2층부터는 사무실들이 입점해 있는 큰 건물에 1층만 실내형 식료품 마켓으로 만들었다. 신선한 야채와 과일을 파는 가게에서부터 빵 굽는 냄새가 퍼지는 베이

커리, 커피나 와인 등을 파는 식료품점이 즐비하다. 사실 이 건물은 1890년대에 지어진 과자 공장을 리모델링한 곳으로, 우리가 잘 아는 과자 '오레오'로 유명한 나비스코사의 공장이었다. 공장이었을 때의 파이프라인과 굵은 기둥, 벽면, 높은 층고 등 뉴욕 인더스트리얼 건축의 흔적을 그대로 보존하고 있어 미국 역사보존지구로 지정된 건물이기도 하다. 방문해 보면 마켓 내 벽면에 공장으로 사용될 당시의 사진이 붙어 있거나 옛 벽돌 같은 것들이 전시되어 있어 방문자들에게 과거 이곳이 공장이었음을 상기시켜 준다.

첼시 거리의 한 블록을 차지하고 있는 붉은 벽돌 건물 1층에 들어서면 그다지 넓지 않은 통로들 사이로 저마다 개성을 가진 음식점이 늘어서 있는데, '멜팅 팟' 뉴욕답게 전 세계의 음식을 만날 수 있다. 특히 커다란 랍스터를 무게대로 값을 매겨 파는 가게가 우리나라 여행자에게 인기다.

뉴욕 같은 대도시에서 랍스터 요리가 유명한 건 왜일까? 사실 많은 사람들이 뉴욕은 항구도시라는 사실을 알지 못한다. 세계 경제의 중심지, 고층 빌딩 숲으로 상징되는 뉴욕은 100여 년 전만 해도 대서양 연안의 항구로 이름 날렸다. 특히 랍스터가 많이 잡혔다고 하는데 이 때문인지 뉴욕에 놀러 오는 친구들이 첼시 마켓에 가고 싶어한 이유도 대부분 이 랍스터였다. 마켓 내 '랍스터 플레이스'라는 가게에 가면 살아 있는 랍스터를 바로 잡아 요리해 준다.

40 **9**

Artists & Fleas

Bar Suzette

Chelsea Market Baskets

L'Arte dei Gelato

Pearl River Mart

Sarabeth's Bakery

Imports from Marrakesh

Takumi

The Doughnuttery

Friedman's Lunch

Posman Books

Miznon

Ayada

A Taste of Economy Candy

Black Seed Bagels

Eat Offbeat

MOSCOT

Anthropologie

Buddakan

Pastificio Di Martino

Li-lac Chocolates

Eat Witch Bakery

Los Mariscos

CorKbuzz

Amy's Bread

MoKbar

Los Tacos No. 1

Chelsea Creamline

Artechouse

Mayhem Beer

Pulley Collective

Chote Miya

Joey Bats Café

먹기 좋게 손질한 빨간 랍스터가 통째로 나오는 '스팀 랍스터'가 최고 인기 메뉴지만 통통한 랍스터살이 꽉 채워져 있는 샌드위치도 테이크아웃용으로 추천하고 싶다.

첼시 마켓에선 랍스터뿐만 아니라 오이스터 (굴), 성게도 함께 판다. 친구들이 올 때면 랍스터를 먹었지만 사실 나는 성게를 더 즐겨 먹었다. 깔끔하게 손질되어 나오는 한국 횟집과 달리 알알이 통째로 나오는데 날것 그대로의 성게 알을 쪼개어 떠먹는 것도 재미난 경험이었기 때문이다. 첼시 마켓 내에 타코 레스토랑, 베이커리, 수공예 품점, 꽃집 등 다양한 상점이 있지만 그중에서도 해산물이 유명한 것은 이곳이 오래전부터 뉴욕뿐 아니라 근처 메인주 등에서 공수된 신선한 해산물을 저렴하게 구매할 수 있는 곳이었기 때문이다. 2010년대 선풍적인 인기를 끌었던 요리 경연 프로그램 〈마스터셰프MasterChef〉 시리즈에서 경연 참가자들이 각종 생물 식재료를 구입하기 위해 첼시 마켓에 들르는 모습이 자주 보였다. 그만큼 현지인들에게 인증된 곳이라 할 수 있다.

코로나19가 한창 유행일 때, 첼시 마켓은 닫힌 공간이라는 성격 때문인지 꽤 오래 침체기를 겪었다. 그렇지만 엔데믹 이후로 다시 활기를 찾아가고 있는 중이다. 예전만 못하다는 평도 있지만 여전히 뉴욕에서 인기 있는 음식이나 식재료를 찾는다면 첼시 마켓을 찾는 것이 가장 좋다. 최근에는 한식당도 들어와 인기를 얻고 있다. 실내여서 시간이 지나는 줄도 모르고 머무르게 된다는 게 단점이라면 단점이지만 뉴욕의 맛을 한자리에서 만날 수 있다는 점은 더할 수 없는 장점이다. 무엇보다, 공장이었다가 허물어질 뻔했던 위기를 넘겨 도시 재생에 기여한 이 공간이 또 한 번 코로나라는 위기를 이겨내고 다시 살아나려 애쓰는 것에 응원을 보내고 싶다.

Sleep No More

세계 최고의 도시,
세계 최고의 연극

<슬립 노 모어>

×

530 W 27th St, New York, NY 10001
www.mckittrickhotel.com

현대미술은 어렵다. 누가 봐도 아름답게 인물을 묘사하고 멋진 색
감을 사용해 풍경을 그린 고전미술과 달리 현대미술은 모호하고
추상적이다. 그래서 현대미술에는 공부가 필요하다. 작가가 만든
작품에 담긴 철학이나 메시지를 적극적으로 해석할 줄 알아야 한
다. 그래야 겉으로 보기에는 도저히 이해할 수 없는 현대미술 작품
에 어떤 의미가 담겨 있는지 알 수 있다. 그런 의미에서 연극 <슬립
노 모어>는 현대미술을 닮았다. 그저 자리에 앉아 배우들의 연기를
감상하고 배우들이 알려주는 대로 내용을 파악하는 것이 아니라,
관람자 스스로 배우의 표정과 행동을 살피며 머릿속에서 이야기를
그리고 해석해 나가야 하기 때문이다.

〈슬립 노 모어〉는 2011년 초연한 연극으로 무려 20여 년 동안 장기 공연 중인, 뉴욕에서 가장 유명한 관객참여형 연극이다. 첼시에 있는 매키트릭 호텔 건물을 통째로 사용해 25명의 배우가 무대에서 종으로 횡으로, 방에서 방으로, 층에서 층으로 공간을 넘나들며 연기한다. 각자의 무대에서 배우들은 자신이 맡은 역에 따라 이야기를 만들어낸다. 배우를 제외한 관객들은 모두 가면을 쓰고 1층부터 6층까지 오가며 발길이 닿는 대로 극을 관람한다. 그래서 같은 시간대의 공연을 보더라도 모두가 본 장면이 다르고, 그로 인해 이야기의 흐름이 달라지기 때문에 각자 다른 것을 느끼게 된다.

이런 극을 이머시브 연극Immersive Theater이라고 한다. 'Immerse'는 '담그다', '파묻다', '몰입시키다'란 의미로, 즉 관객을 몰입하게 하는 연극이란 뜻이다. 모든 연극이 관객을 몰입하고 집중하게끔 하지만 특히 이머시브 연극은 관객이 직접 극 안으로 들어가 자유롭게 돌아다니며 이야기의 흐름을 선택하고 결말까지 직접 결정하도록 만든다.

스토리의 큰 틀은 셰익스피어의 『맥베스』를 따른다. 스코틀랜드의 장군 맥베스는 전장에서 승리하고 돌아가는 길에 세 마녀에게 장차 왕이 될 것이라는 예언을 듣게 된다. 처음에는 반신반의하지만 돌아가는 상황이 마녀들의 예언과 맞아떨어지자 그는 왕이 되기 위해 살인을 저지르고, 왕위를 보존하기 위해 연달아 살인을 하며 죄에 죄를 더한다. 하지만 완전한 악인이 아니었던 맥베스는 죄책감과 공포, 절망에 시달리고 불면의 날들을 보내기 시작한다.

그는 결국 내면적으로 파멸해 버리고 복수하러 온 왕자에게 죽임을 당하는데 〈슬립 노 모어〉에는 맥베스의 심리가 그대로 반영된 듯 우울하면서도 기괴한 정서가 곳곳에 깔려 있다. 피가 낭자한 싸움의 흔적, 핏자국이 그대로 남아 있는 욕조 등 오싹한 무대를 지나 이리저리 배우를 따라가다 보면 어느새 같이 온 일행과 헤어지기도 한다. 그리고 내가 맥베스가 되었다가, 마녀가 되었다가 하는 놀랍고도 충격적인 순간을 경험하게 된다. 왜 이런 장면을 연기하는 걸까? 왜 이렇게 행동하는 걸까? 왜 이런 오브제가 있는 걸까? 수많은 궁금증을 따라 발길을 옮기다 보면 어느새 자신만의 『맥베스』 이야기가 만들어져 있다.

〈슬립 노 모어〉는 무언극이라 영어를 몰라도 볼 수 있다. 언어의 장벽을 느끼지 않고 마음 가는 대로 극을 관람할 수 있으며 마치 비디오 게임을 하듯 배우들을 쫓아다니며 움직인 만큼 이야기를 만들어 나간다. 그래서 여러 번 관람을 하는 이들도 많다. 연극의 순간마다 내가 어디로 발걸음을 내딛는가에 따라 이야기의 전개가 달라지기 때문이다. 뉴욕에 놀러 온 친구들 중 후반부 일정으로 〈슬립 노 모어〉 연극을 관람하고 후회하는 경우를 종종 봤다. 몇 번 더 봐야 비로소 〈슬립 노 모어〉를 완벽히 즐기고 갈 수 있을 것 같다는 아쉬움 때문이다. 뉴욕에 온다면 가장 먼저 〈슬립 노 모어〉 연

극을 예매하는 것도 뉴욕을 즐길 수 있는 좋은 방법이겠다. 운동화와 편한 복장은 필수다. 1층부터 6층까지 총 100개가 넘는 방 사이에서 쉴 새 없이 배우들을 따라다니다 보면 금세 지칠 테니 만반의 준비를 해야 한다. 연극이 끝나면 배우만큼이나 관객들도 지쳐 있다. 그렇지만 가면을 벗은 관람객들의 표정을 보면 힘들지언정 만족감으로 가득한 모습이다.

아쉽게도 2024년을 끝으로 뉴욕에서는 더 이상 〈슬립 노 모어〉를 볼 수 없다. 2023년부터 상영을 종료한다는 소식이 들려왔는데, 종료되는 날짜만 조금씩 미뤄지고 있다. 어쨌거나 이제 끝이 나긴 할 모양이다. 잠시 휴지기를 가지는 것인지 영영 막을 내리는지는 알 수 없지만.

그나마 반가운 소식은 〈슬립 노 모어〉가 한국에 곧 상륙한다는 것이다. 충무로에서 오랫동안 영화관으로 자리를 지켜온 대한극장이 2024년 9월 영업을 종료하고 2025년 한국의 매키트릭 호텔이 된다. 세계 최고의 도시에서 세계 정상의 자리에 있던 연극 〈슬립 노 모어〉가 한국 사람들에게 어떻게 보일지 궁금해진다.

세계에서 가장 많은 책을 소장한 도서관

뉴욕 퍼블릭 라이브러리

×

476 5th Ave, New York, NY 10019
www.nypl.org

서점이나 도서관 냄새를 유난히 좋아하는 사람들이 있다. 약간 쿰쿰하면서도 오래된 듯한 종이 냄새 같은 것 말이다. 나 또한 그런 냄새를 좋아해서 뉴욕에 있는 동안 자주 뉴욕 퍼블릭 라이브러리를 찾았다. 세상에서 가장 아름다운 도서관으로 꼽히는 뉴욕 퍼블릭 라이브러리는 세계에서 가장 많은 책을 소장하고 있다고도 한다. 1911년 문을 열어 백 년이 넘는 역사만큼 뉴욕 시민들이 사랑하는 곳이다. 마침 브라이언 파크 앞에 있어서 사람들이 산책하거나 자전거를 타다가 들르기도 좋다.

입구에 들어서면 거대한 사자상이 사람들을 맞이한다. 압도되는 것 같기도 하고, 책의 성전 입구에서 환영받는 것 같기도 하다. 사자 두 마리가 인도하는 이곳 성전에서는 책만 들고 있어도 왠지 보호받는 것 같고, 그냥 서 있는 것만으로도 똑똑해지는 것 같다. 경건한 느낌의 입구를 지나 건물 안에 들어서면 사뭇 다른 풍경이 펼쳐진다. 책이 빽빽이 꽂힌 책장 사이에 사람들이 가지각색으로 자유로이 책을 즐기는 모습을 볼 수 있다. 계단에 앉아 책을 읽는 사람이 있는가 하면 땅바닥에 엎드려서 책을 보는 사람도 있다. 유휴 공간이 많은 편인 데다가 정숙한 분위기와도 거리가 멀기 때문이다. '책을 즐기기 위한 곳'이라는 뉴욕 퍼블릭 라이브러리의 정신이 읽히는 부분이다.

미국의 영화감독 프레더릭 와이즈먼Frederick Wiseman의 다큐멘터리 〈뉴욕 라이브러리에서〉를 보면 뉴욕 퍼블릭 라이브러리를 대하는 뉴욕 시민들의 자부심과 의무감이 잘 드러난다. 뉴요커들은 "사람들은 흔히 도서관을 책을 보관하는 곳이라고 말하지만 그렇지 않다. 도서관은 사람을 위한 곳이다"라고 말하며 이곳에서 문화를 나누고 예술을 공유하며 지식을 전달하고 사람들과 교류하기 위해 노력한다. 북 토크는 물론이고 소규모 공연이나 연주회가 열리기도 하는데 그 외에 전자기기 활용이 어려운 노년층을 위한 'IT 기기 사용법 강의'도 열리고 어린아이들이 유년 시절부터 책과 가까워지도록 뛰놀 수 있는 공간을 따로 마련해 놓기도 한다. 그런 의미에서 도서관의 보유 여부로 그 도시가 얼마나 살기 좋은 도시인지

가늠하게 해준다는 말은 진실에 가까운 듯하다.

한국에 돌아와서는 코엑스 별마당 도서관에서 비슷한 느낌을 받았다. 약 850평의 넓고 높은 공간에 꽉 채워진 책들과 그 안에서 자유로이 이야기하고 책을 읽는 사람들. 코엑스 지하를 가득 채운 다른 상점들을 생각하면 이만한 공간을 도서관으로 만든 신세계그룹의 결심이 남달리 읽힌다. 쉽지 않은 결정이었을 것 같은데 결과적으로 성공적인 전략이 됐다. 가본 사람은 알겠지만 코엑스몰 내부는 굉장히 복잡해서 헤매기 십상이다. 그런데 코엑스몰 중앙에 있는 별마당 도서관만 간다면 어떤 곳이든 다시 찾아갈 수 있다. 설계할 때 별마당 도서관을 중심으로 모든 길이 통하도록 만들어졌기 때문이다.

실제로 별마당 도서관이 만들어진 이후 길을 헤매는 사람들이 줄었고, 전체적으로 코엑스몰 이용자는 더 늘었다고 한다. 사람들은 강남 한복판에서 돈을 내지 않고도 편히 머물 공간을 얻었다. 쇼핑을 하러 와서 잠시 쉴 수도 있고, 어떤 날은 그냥 책만 읽다 갈 수도 있다. 별마당 도서관은 어느덧 코엑스몰의 상징이 되었다. 그러니 신세계로선 스타필드라는 공간을 문화적 공간으로 브랜딩하는 데 성공했고 쇼핑객까지 끌어들인 셈이다. 여러모로 모두에게 윈윈이다.

뉴욕 퍼블릭 라이브러리도, 별마당 도서관도 도서관으로 한정

짓기보단 복합 문화공간이라 말하는 게 낫겠다. 이런 공간에선 특별히 무언가를 하려 애쓰지 않아도 괜찮다. 뉴욕 퍼블릭 라이브러리에서 내가 주로 보던 책은 영화 책이나 미술 책이었다. 영어로 된 글을 다 읽어야 한다는 부담을 갖지 않고 방문해도 보고 듣고 느낄 수 있는 것들이 많았다. 책에 실린 이미지가 주는 미적 영감은 물론이고 책을 곁에 두고 공부하는 대학생의 열정, 그림책을 들고 뛰어다니는 꼬마들의 웃음소리 같은 것들이 그 시간을 값지게 만들어주었다. 공간을 향유하는 자체만으로도 충만함을 느꼈던 뉴욕 퍼블릭 라이브러리에서의 시간이 생각나 뉴욕 생활이 그리워지는 순간이다.

Broadway

세상 어디에도 없을
거리

브로드웨이

뉴욕 하면 떠오르는 것 중 브로드웨이가 빠질 수 있을까. 뮤지컬만
을 위한 거리라니, 뮤지컬을 사랑하는 이들에게도, 뉴욕을 사랑하
는 이들에게도 환상적인 거리가 아닐 수 없다. 사실 브로드웨이는
엄밀히 말하면 맨해튼 남쪽 끝부터 북쪽 끝을 잇는 물리적인 길을
뜻하지만 실제로는 웨스트 42nd 스트리트에서 53rd 스트리트까지
걸친 길에 빼곡히 들어선 극장 거리를 일컫는다. 40여 개의 극장
으로 가득한 브로드웨이 곳곳에 화려하게 세워진 대형 뮤지컬 광
고판은 팬스레 지나는 이의 기분까지 들뜨게 만든다. 특히 밤이 되
면 화려한 네온사인 전광판이 거리를 수놓는다. 그러니 열성적인
뮤지컬 팬이 아니어도 뉴욕에 왔다면, 브로드웨이를 걷는다면, 누

구라도 뮤지컬을 감상하고 싶어질 것이다. 〈라이언 킹〉, 〈알라딘〉, 〈위키드〉, 〈레 미제라블〉 등 유명한 뮤지컬을 매일매일 상영하는 곳이 바로 브로드웨이다.

뉴욕을 떠올리면 '몰입'이라는 단어가 떠오른다. 전 세계의 인종과 문화가 모이는 거대한 도시 안에 하나의 키워드로 몰입할 수 있도록 건물을 배치해 두었기 때문이다. 브로드웨이가 대표적이다. 오직 뮤지컬에만 몰입할 수 있는 이곳을 비롯하여 뮤지엄 마일에는 다채로운 개성의 미술관과 박물관이, 5th 애비뉴에는 몇 블록 안에서 모든 쇼핑이 가능할 정도의 백화점과 쇼핑몰이 모여 있다. 첼시에는 크고 작은 갤러리 300여 개가 모여 있기도 하다. 이런 '몰입'의 경험은 머릿속에 더 강하게 각인된다. 한 장소에서 다음 장소까지의 이동만 한 시간이 훌쩍 넘는 서울 같은 대도시보다 도시 자체에 집중할 수 있다는 장점도 있다.

뉴욕 브로드웨이를 상징하는 풍경이 몇 가지 있지만 'TKTS' 부스는 브로드웨이의 새로운 상징이 되었다. TKTS란 1973년 극장개발기금Theater Development Fund, TDF라는 비영리단체에서 '모든 사람들이 예술을 즐길 수 있도록 만들고 싶다'는 포부를 밝히며 만든 티켓할인판매 공간이다. 50여 년의 역사를 가지고 있으며 런던에도 있고 뉴욕에도 몇 개의 부스가 있는데 여기서 말하는 TKTS 부스는 2008년 타임스퀘어에 만들어진 티켓박스를 말한다.

5미터 높이의 부스 윗부분은 마치 레드카펫을 깐 듯한 계단으로 만들었다. 강렬한 빨간색이 눈에 잘 띄며 잠시 쉬기에도, 어떤 뮤지컬을 볼까 고민하기에도 좋은 공간이다. 실제로 계단에 앉아 담소를 나누는 관광객이나 뉴요커를 많이 볼 수 있다. 매표소는 계단 아래에 위치해 있어 지나가는 이들의 동선을 방해하지 않는다.

뉴욕시에서는 티켓박스 공간을 만들기 위해 건축 공모를 했고 호주의 신진 건축사무소 최 로피하^{Choi Ropiha}의 작품을 선택했다. 무조건 화려하게, 브로드웨이를 상징하는 티켓박스를 만들 수도 있었지만 사용하는 이들의 편의를 생각하고 만들었다는 것이 잘 드러나 사람들이 더욱더 이곳을 사랑하는 듯하다. 레드카펫처럼 펼쳐진 계단 위에 서 있노라면 마치 뮤지컬 공연의 주인공이 된 듯 흥분하기도 한다. 브로드웨이 공연 티켓을 저렴하게 판매하기도 하고, 운이 좋으면 뮤지컬 배우들의 버스킹 공연도 볼 수 있어서 근방을 지나갈 때면 종종 들렀다. 정가로 구입하면 100달러가 넘는 돈에 봐야 할 뮤지컬 공연을 30달러 정도에 볼 수도 있으니 운을 점쳐보는 것도 좋겠다.

뉴욕을 떠난 지 몇 년이 지났지만 지난해인 2023년, 브로드웨이에 있는 한 가게의 폐점 소식이 미국 언론을 통해 보도됐다는 소식을 친구로부터 전해 들었다. 두어 번 들러 커피를 산 기억이 있는 가게인데 그렇게 유명한 곳인 줄은 몰랐다. 알고 보니 한국인이

1984년에 개업해 무려 40여 년 동안 운영하던 브로드웨이의 유서 깊은 델리 가게였다. 〈섹스 앤 더 시티〉의 세라 제시카 파커나 〈반지의 제왕〉의 이언 매켈런 같은 배우도 종종 들러 샌드위치를 사먹었다는데, 가게가 문을 닫던 날 브로드웨이의 배우, 극장 관계자 등이 주인 부부의 은퇴식을 열어주었다고 한다.

"until we meet again" 하고 현장에서 울려 퍼지는 노랫소리와 주인 부부의 표정이 어우러지는 뉴스를 보고 있노라니 나까지 마음이 뭉클해졌다. 사실 뉴욕에서, 브로드웨이에서 수많은 가게들이 소리 소문 없이 문을 열고 닫는다. 그렇지만 이 델리 가게만큼은 브로드웨이에 살았던 모든 이들의 박수를 받고, 언론의 스포트라이트를 받으며 문을 닫았다. 새빨갛고 번쩍번쩍 빛나는, 모든 게 화려할 것만 같은 이곳 브로드웨이도 결국 그 빛을 위해 뒤에서 묵묵히 일하는 사람들이 살아가는 삶의 공간이라는 걸 이런 뉴스가 방증하는 게 아닐까 싶다. 하늘 높이 솟아오른 마천루도, 브로드웨이도 결국 사람이 만들고 사람이 살아가는 공간이다. 자세히 들여다보고 공기를 들이마시면 사람 사는 냄새를 맡을 수 있다.

금기를 깰 때,
혁신이 탄생한다

아메리칸 발레 시어터

×

890 Broadway, New York, NY 10003
www.abt.org

발레 하면 떠오르는 곳은 어디일까? 발레가 시작된 나라 프랑스에는 파리 오페라 발레단이 있고, 발레가 꽃핀 나라 러시아에는 볼쇼이 발레단이 있다. 영국에는 영화 〈빌리 엘리어트〉(2001)에서 빌리가 그토록 가고 싶어했던 영국 로열 발레단이 유명하다. 이렇듯 세계 유수의 발레단은 유럽에 있다. 발레는 유럽에서 시작해 유럽에서 꽃피운 문화로 오랫동안 유럽인들, 그중에서도 백인들의 전유물이었기 때문이다. 그러나 미국에도 세계적으로 유명한 발레단이 있다. 바로 아메리칸 발레 시어터[ABT]와 뉴욕 시티 발레단이다. 특히 아메리칸 발레 시어터는 1939년에 설립되어 아직 100년도 채 되지 않은 짧은 역사의 발레단이지만 여느 발레단보다 빠르게 명성

을 쌓았고 미국의 국립 발레단으로 인정받기까지 했다.

아메리칸 발레 시어터는 미국에서 시작된 만큼 유럽의 스타일을 그대로 따라가기보다는 개성을 살리는 방향으로 발레를 발전시키며 새로운 시도도 서슴지 않았다. 〈백조의 호수〉, 〈지젤〉, 〈로미오와 줄리엣〉 같은 고전발레 작품을 자신들의 색깔로 공연하기도 하고, 약간은 고리타분한 옛날식 이야기에서 벗어나 강인한 여성 주인공이 등장하는 〈달콤 쌉싸름한 초콜릿〉 등 창작발레에도 도전해 많은 사랑을 받았다.

자주 보러 다닐 만큼 취미가 있진 않지만 아이에게 발레를 소개할 목적으로 발레 공연을 몇 번 본 적이 있다. 그중에서도 아메리칸 발레 시어터에서 올린 〈백조의 호수〉 공연이 무척 인상적이었다. 자잘한 발재간, 우아한 손끝과 팔의 움직임을 이용해 고운 선을 만들어 기품 있는 백조를 표현한 유럽식 발레만 보다가 시원시원한 움직임, 넓은 공간 활용, 힘찬 점프가 인상적인 활기찬 백조를 보자 새삼 미국식 발레란 이런 것이구나 하는 생각이 들었다.

차별화 전략은 공연에서만 드러나는 게 아니다. 아메리칸 발레 시어터는 2015년 세상을 깜짝 놀라게 할 선택을 했다. 수석 무용수 자리에 흑인인 미스티 코플런드Misty Copeland를 지명한 것이다. 세계를 대표하는 유명 발레단에서 흑인이 수석 무용수로 임명된 것은 처음 있는 일이었다. 미국의 대표 시사 주간지《타임》에서는 그해 미스터 코플런드를 세상에서 가장 영향력 있는 100인으로 꼽았고 그는 이후 『내가 토슈즈를 신은 이유』라는 책을 내기도 했다. 하얗게 칠해졌다고 해도 과언이 아닌 백인 중심의 발레계에서 그만큼 놀라운 사건이었다는 뜻이다.

사실 발레의 역사를 생각하면 2015년도 늦었다는 생각이 들지만 드디어 발레라는 예술이 사회의 변화와 발맞춰 가는구나 싶었다. 한편으로는 아메리칸 발레 시어터가 전략을 잘 짰다고 생각했다. 유럽의 발레를 그대로 쫓아가기만 했다면 과연 그들이 세계적인 발레단이 될 수 있었을까?

미국은 수많은 이민자들이 만든 나라이며 여러 인종이 섞여 살고 있어 세계에서 손꼽히는 다문화 국가다. 출신도 피부색도 다른 사람들이 한데 어우러져 땅을 개척하고, 국가를 세우고, 또 단시간에 세계에서 가장 부강한 나라로 만들었다. 새로운 것에 도전하는 정신, 다른 것을 받아들이는 포용력, 변화를 빨리 받아들이는 유연성 같은 것들이 없었다면 불가능한 일이다. 그리고 이 정신은 발레에도 그대로 드러나 가장 미국적인 것을 가장 세계적으로 만들어 최고라 칭송받는 발레 문화를 만들었다. 그리고 마침내 문화 수도라 할 수 있는 뉴욕에서 현대화되고 세련된 발레가 출현했다. 어쩌면 필연이었을지도 모른다. 그래서 한 번쯤은 발레 공연을, 그것도 뉴욕에서 경험해 보라 말하고 싶다. TV에서 보던 전형적인 발레가 아닌 시대의 흐름에 발맞춰 다양해지고 현대화되어 가는 발레 공연을 보면 세상이 얼마나 달라지는지, 어떻게 달라져야 하는지 힌트를 얻는 듯하기 때문이다.

Robert Indiana's 「LOVE」

뉴욕에선 사랑도
만질 수 있다

「LOVE」

미국의 대표적인 팝아티스트 로버트 인디애나 Robert Indiana 의 이름은 알지 못해도 그의 작품을 본다면 누구나 "아!" 하며 고개를 끄덕일 것이다. 뉴욕의 거리에서는 물론이고 머그컵이나 카드, 티셔츠 등 다양한 소품에 새겨져 있는 그의 작품 「LOVE」 덕분이다.

「LOVE」는 윗줄의 알파벳 L, O와 아랫줄의 알파벳 V, E로 구성된 세리프 서체의 2단 조형물이다. 정면에서는 빨간색으로 보이지만 측면에서는 글자 옆면의 파란색이 함께 보이는데 그 대비가 강렬하고 또 입체적이어서 아름답다. 3.5미터의 높이를 자랑하는데 생각보다 훨씬 큰 크기가 압도적으로 다가와 집중력을 한층 더해

준다. 'LOVE'라는 단어를 싫어하는 사람이 있을까. 누구나 공감할 수밖에 없고 누구나 가지고 싶은 단어이기에 「LOVE」는 지금도 우리 곁에 머무르고 있다.

언제 봐도 세련된 느낌의 이 조각품의 역사는 생각보다 길다. 1964년에 처음으로 로버트 인디애나가 카드로 만들어 친구들에게 선물했고, 1965년 뉴욕 현대미술관에서 크리스마스 카드 이미지로 선정했으며, 1966년에는 조각품으로 만들어지며 「LOVE」의 역사가 시작되었다. 간결한 디자인과 강렬한 색감 덕분에 누구나 사랑하는 조각품으로 인정받으며 전 세계 곳곳에 「LOVE」 조형물이 세워졌다.

고작 알파벳 4개로 전 세계에서 사랑받는 조각품을 만들었다는 건 대단한 일이다. 「LOVE」가 워낙 유명하다 보니 로버트 인디애나는 '원 히트 원더' 예술가라는 말을 듣기도 했지만 사실 그는 평생 수백 점의 작품을 남긴 화가다. 한 작품으로 전 세계를 점령한 것은 대단하지만 한편으론 「LOVE」의 존재감에 가려 빛 보지 못한 다른 수많은 작품들이 안타깝기도 하다.

사실 「LOVE」는 로버트 인디애나에게 축복이자 재앙이 된 작품이었다. 「LOVE」가 히트를 치기 전에도 이미 그는 1960년대를 주름잡는 스타 화가였다. 그러나 「LOVE」가 저작권 등록을 하기도 전에 인기를 끌어 수없이 복제되면서 그는 미술계에서 '싸구려' '상업' 작가로 낙인찍히고 말았다. 결국 그는 1978년 뉴욕을 떠나 외딴 섬 바이널헤이븐으로 들어가 은둔 생활을 시작했다.

그런 그가 다시 세상에 나온 것은 2009년 버락 오바마^{Barack Obama} 전 대통령 선거운동 때였다. 그는 「LOVE」를 닮은 「HOPE」라는 작품을 만들었고, 이 작품 판매 수익을 오바마 선거 캠프에 기부했다. 2013년에는 휘트니 미술관에서 '로버트 인디애나: 「LOVE」를 넘어서^{Robert Indiana: Beyond Love' Highlight}' 회고전을 열어서 다시금 그를 미술계로 소환했다. 비평가들은 그 자리에서 「LOVE」 외 여러 작품들의 기호와 상징성을 살펴보는 시간을 가지며 팝아티스트로서 로버트 인디애나의 존재감과 영향력을 세상에 상기시켰다. 그러나 그로부터 5년 뒤인 2018년 로버트 인디애나는 세상을 떠났다.

2018년 5월, 그의 부고가 전해지고 며칠 뒤 맨해튼 거리를 간 적이 있다. 「LOVE」 조각상에 사람들이 모여 있었다. 가까이 가보니 조각상에는 조그마한 꽃이 하나둘 꽂혀 있었다. 그를 기리는 팬들이 꽂아둔 추모의 꽃이었다. 아름다운 작품에 꽃까지 더해지니 그의 죽음이 슬프면서도 세상은 여전히 사랑으로 충만한 곳인 것 같아 눈시울이 붉어졌다. 자기 작품의 유명세에 짓눌려 인생 후반부를 안타깝게 보냈지만, 전 세계가 사랑하는 작품을 만들어 후대에도 길이 남을 자신의 흔적을 남긴 그의 생은 한편으로 찬란하다.

아쉽게도 뉴욕에서는 더 이상 「LOVE」를 볼 수 없다. 긴 세월 동

안 많은 사람이 조각상을 만지고 올라가면서 손상되어 2019년 보수를 위해 철거되었다. 하지만 뉴요커들의 「LOVE」 사랑이 워낙 크기에 언젠가 다시금 자리를 잡지 않을까 기대해 본다.

무너진 랜드마크,
다시 비상하다

웨스트필드 월드 트레이드 센터

×

185 Greenwich St, New York, NY 10007
www.officialworldtradecenter.com

뉴욕에는 아직 월드 트레이드 센터라는 이름이 붙은 곳이 남아 있다. 남아 있다기보다 9.11 테러로 사라진 이전의 월드 트레이드 센터 부지에 9.11 메모리얼 파크와 함께 자리 잡은 쇼핑몰이 월드 트레이드 센터란 이름을 사용하고 있다. 2016년 문을 연 웨스트필드 월드 트레이드 센터 쇼핑몰은 원래의 월드 트레이드 센터 쇼핑몰보다 규모는 줄어들었지만 맨해튼에서 가장 큰 쇼핑몰이다.

월드 트레이더 센터라는 이름을 다시 붙이는 것에 거부감은 없었을까 싶지만 이곳에 들어서면 그런 궁금증은 그대로 사라진다. 거대한 동물의 뼈대를 구현한 듯한, 하얀색의 구조물로 이루어진 쇼핑몰에 들어서자마자 마주치는 것은 웅장하면서 높다란 천장이다. 고래의 등뼈 같기도 하고 날아다니는 새의 날개도 닮은 듯한 거대한 천장은 저절로 목을 빼고 올려다보게 한다. 홀린 듯, 빨려들어가듯 공간에 들어서게 만든다.

정식 명칭은 웨스트필드 월드 트레이드 센터지만 뉴요커들은 이곳을 오큘러스Oculus 센터라고 부른다. 들어서자마자 펼쳐지는 광활한 공간이 마치 VR 기계로 가상현실을 보는 듯한데, 그 신비로운 풍경과 잘 어울리는 이름이다. 이 하얗고 웅장한 공간 정면에 거대한 성조기가 걸려 있다. 원래 이 자리에 있었던 월드 트레이드 센터와 9.11 테러에 희생자가 된 영혼을 기리는 듯하다.

150여 개의 숍이 모여 있는 쇼핑몰이지만 매장이 다닥다닥 붙어 있지도 않고 길도 넓은 편이어서 여유로운 분위기다. 광장 공간이 주는 개방감 덕분일지도 모르겠다. 한국의 스타필드 몰을 떠올리면 가장 비슷할 것 같다. 실제로 신세계그룹에서 스타필드를 론칭할 때 이 쇼핑몰을 벤치마킹했다고 한다. 그래서 그런지 이름도 비슷하고, 국내 1호점인 스타필드 하남점의 경우 건물 디자인도 비슷하다.

오큘러스 센터는 교통 허브로 사용하는 공간이기도 하다. 뉴저지와 뉴욕을 연결하는 허드슨 도시철도와 지하철이 이곳을 지나며 뉴저지로 가는 기차역으로서의 기능도 있다. 4차 산업혁명 시대에 들어섰다고 하지만 아직 인간이 이동할 때는 비행기, 차, 기차 등의 탈것에 의존해야 한다. 그런 의미에서 역은 지역과 지역을 연결하며 사람과 사람이 만나게 하는 중요한 공간이다.

특히 미국처럼 거대한 나라에서는 비행기가 가장 중요한 이동 수단이지만 접근성을 따지면 기차를 따라올 수 없다. 많은 사람들이 기차를 타고 도시로 와 직업을 찾는다. 누군가는 생산한 제품을 들고 기차를 타고 와 도시에서 판매하고, 또 다른 누군가는 기차를 타고 고향으로 돌아가 사랑하는 사람을 만난다. 결국 이곳에서 기차를 타는 사람들은 모두 새로운 미래를 꿈꾸며 움직이고 있는 셈이다. 사람들의 꿈과 만남이 시작되는 기차역이 오큘러스 센터 안에 있어 이곳에 들르면 쇼핑하는 사람은 물론 설렘과 기대를 안고 이동하는 사람, 그리고 사랑하는 이를 떠나보내고 다시 삶을 시작해야 하는 사람들을 모두 환영하는 공간의 아름다움을 느끼게 될 것이다.

Williams Sonoma

뉴요커의
저녁을 엿보다

윌리엄 소노마

×

www.williams-sonoma.com

우리에게 설날과 추석이 있다면 미국에는 크리스마스와 독립기념일 그리고 추수감사절이 있다. 미국의 추수감사절은 11월 넷째 주 목요일로 이날에는 따로 살던 가족들이 한데 모여 풍작에 감사하며 식사를 함께 한다. 긴 식탁에 모여 앉아 잘 구운 칠면조에 신선한 샐러드, 감자구이나 호박파이를 즐기는데, 보통 식탁 위에는 오렌지색 식탁보가 깔리고, 따뜻한 분위기를 만들어줄 촛대와 꽃 그리고 음식과 잘 어울리는 나무 볼이나 각종 식기가 놓여 있다.

이런 장면을 저절로 떠오르게 하는 곳이 바로 윌리엄 소노마다. 너무 화려하지도 너무 모던하지도 않아 뉴욕 같은 도시에서나 농사를 짓는 시골에서도 부담 없이 쓸 수 있는 주방용품 브랜드. 미국

하면 으레 떠오르는 식사 자리에 가장 잘 어울리는 접시와 나이프 등을 파는, 〈프렌즈〉나 〈섹스 앤 더 시티〉 등에 등장해 우리에게도 은근히 익숙한 브랜드다.

윌리엄 소노마는 1947년 찰스 윌리엄스^{Charles Williams}가 캘리포니아 소노마에서 문을 열며 시작되었다. 처음에는 프랑스에서 수입한 가구 등을 판매했으나 점차 미국에 어울리는 주방용품을 판매하며 인지도를 얻었다. 가구, 아웃도어용품, 정원용품부터 세제나 방향제까지 집안을 꾸미는 데 필요한 것은 다 판매한다. 그중에서도 단연 인기가 많은 제품군은 테이블웨어, 쿠킹웨어, 베이킹툴이다.

처음 윌리엄 소노마를 방문한 것은 키스소니^{Keithsonny}라는 요리 블로거의 추천으로 치즈보드를 사기 위해서였다. 당시 초보 주부였던 나는 키스소니에게 살림을 배우는 재미에 푹 빠져 있었다. 블로그에 올라온 사진들을 보며 감탄만 하다가 직접 윌리엄 소노마에 들렀을 때의 기분이란! 제품들 모두 큐레이션이 무척 잘 되어 있어 들어서자마자 감탄하면서 매장 안을 둘러봤다. 손님들이 예쁘게 잘 꾸며진 우리 집 식탁에서 함께 저녁 식사하는 순간을 상상하며 하나씩 물건을 골랐다. 주방용품만큼이나 유명한 윌리엄 소노마의 앞치마를 선물 받은 적이 있는데, 실제로 매장에 와보니 정말 다양한 색감과 디자인의 예쁜 앞치마들이 즐비해 있었다. 그 뒤로 틈틈이 윌리엄 소노마에 들러 수집하듯 주방용품이나 앞치마를

NEW

Honeycomb Collection

Williams Sonoma
Homeycomb
Collection

Enclume
Signature French
Cookware Stand

하나씩 사 모으기 시작했다. 특히 앞치마는 선물하기에도 좋았다.

뉴욕에도 몇 개의 윌리엄 소노마 매장이 있다. 콜럼버스 서클 근처 도이치뱅크 건물에도 하나 있고 첼시에도 매장이 있다. 어느 매장이든 아기자기하면서도 따뜻한 분위기를 띠고, 물건을 직관적으로 배치해 마치 누군가의 집을 구경하는 듯하다. 팬트리 선반에는 식료품과 소스가 있고 주방으로 꾸며놓은 공간에는 믹서와 커피머신, 와인잔, 각종 식기류가 배치되어 있다. 뉴욕에 산다면 철마다 매장에 들러 식기 큐레이션을 구경하는 것도 재미다.

가끔 쿠킹 클래스를 열기도 하는데 믹서기를 사용한 클렌징 주스 만들기 클래스, 무쇠 냄비를 사용한 로스트 비프 만들기 클래스 등 다양하게 열려 고객들에게 인기가 좋다. 윌리엄 소노마 제품을 사용해 볼 수 있는 기회이기도 하고 요리도 배울 수 있어 나도 자주 참석했다.

앞서 언급했다시피 추수감사절을 앞두고 방문하면 커다란 칠면조 구이와 호박파이가 놓인 식탁 차림이 눈길을 사로잡는다. 부활절 시즌에 가면 각종 그림이 잔뜩 그려져 있는 달걀이 식탁 중앙에 한 바구니 놓여 있을 것이다. 어느 미국인 가정의 저녁 식사 자리를 엿보는 듯한 기분이 든다. 이것이 바로 윌리엄 소노마가 추구하는 브랜드 가치이기도 하다. 윌리엄 소노마가 보여주는 따스하고 정겨운 식탁 풍경이 보는 사람 모두의 식탁 풍경이 되기를 바라는 마음. 식탁에 가족이 다 같이 둘러앉아 함께 맛있는 식사를 즐기고 정을 나누길 바라는 마음을 제품에 가득 담은 듯하다. 윌리엄 소노마에선 그 마음이 그대로 전해져 살 것이 없어도 매장이 보이면 들르게 된다. 바쁘게 살다 유독 마음이 허기지다 싶을 때면 더욱더 매장 안 불빛이 포근해 보인다.

미국인이 아니라도 그곳에서 살 만한 것들은 차고 넘친다. 특유의 투박하지만 튼튼해 보이는 각종 식기들과 냄비 등은 실제로도 내구성이 좋은 것으로 유명하다. 나 또한 콜럼버스 서클 앞에 위치한 매장에서 산 무쇠 냄비를 한국까지 가져와 여태껏 쓰고 있다. 앞치마도 유명하고, 미국에서만 파는 망고칼이나 아보카도칼도 유용하다. 이제 한국에도 다양한 주방용품이 수입되어 들어오지만 그래도 그곳에서 사온 앞치마를 입고 무쇠 냄비에 카레를 만들 때면 뉴욕 시절이 새록새록 생각난다. 컵 하나, 접시 하나가 생활 속에서 함께하며 뉴욕의 추수감사절이나 크리스마스를 생각나게 하니, 비싼 기념품 못지않은, 가성비 좋은 추억의 아이템이 되어준 셈이다.

to MOM, with LOVE

MOTHER'S DAY – MAY 12

American Girl

소녀들의 마음을 흔드는
인형 백화점

아메리칸 걸

×

75 Rockefeller Center, New York, NY 10019
www.americangirl.com

한국에 귀국하기 전, 마지막으로 들른 곳 중 하나가 바로 아메리칸
걸 스토어다. '미키'의 옷을 사 가기 위해서였다. 나의 친한 친구 재
키가 아메리칸 걸에서 딸의 선물로 사온 인형 이름이 바로 '미키'
다. 아메리칸 걸 스토어는 록펠러 센터 1층에 자리 잡은 인형 브랜
드숍이다. 1986년에 만들어진 아메리칸 걸은 인형을 판매하는 가
게를 넘어 책, 장난감, 다양한 체험까지 가능한 아이들의 문화공간
으로 자리매김했다. '소녀 시절의 즐거움을 이끌어'내고 '최고가 되
도록' 지원하며 '자신감을 가지도록' 북돋아 준다는 아메리칸 걸의
목표처럼 이곳에 들어서는 소녀들의 얼굴에는 모두 행복한 미소가
가득하다. 매장 안에는 아이만큼 큰 바비 인형들이 잔뜩 진열되어

있다. 이 인형들은 다양한 인종, 국적, 계층의 8세에서 14세 사이의 소녀를 묘사한다.

아메리칸 걸 브랜드의 창립자인 플레전트 롤런드 ^Pleasant Rowland^는 교육자이자 작가였는데 어느 날 문득 '왜 다 큰 아이들이 아기 인형만 가지고 놀까?' 하는 의문이 들었다고 한다. '아이들도 성장하는 만큼 자신과 같은 나이의 인형과 놀고 싶지 않을까?' 하는 생각에서 시작된 것이 바로 아메리칸 걸의 바비 인형들이다. 나와 함께 커가는, 나를 닮은 인형이라니! 그의 생각은 적중했다. 이제 많은 미국인 소녀들이 크리스마스나 생일에 아메리칸 걸 인형을 선물 받기를 기대한다. 부모님이 사다 주는 경우도 있지만 직접 매장에 들러 마음에 드는 피부색이나 눈동자색을 고르고, 머리카락까지 고르는 경우가 보통이다.

여하튼 '미키'가 우리집에 온 뒤로 아메리칸 걸 매장을 자주 드나들었다. 매장에는 인형 옷뿐만 아니라 아동복을 함께 판매한다. 그래서 아이가 클 때마다, 옷을 사야 할 때마다 아메리칸 걸에서 미키 옷까지 두 벌의 옷을 사 쌍둥이처럼 같이 입혀주곤 했다. 같은 옷을 산 날이면 아이는 늘 미키와 함께 사진을 찍어달라고 했다. 매장 안에 있는 포토존에서 사진을 찍어주면 그렇게 좋아할 수가 없다. 네일숍과 헤어숍도 있는데 어떤 날은 미키와 함께 네일아트도 받고 머리도 같은 모양으로 땋는다.

부모 입장에서는 이 모든 게 상술이다 싶지만 같은 모양으로 땋은 머리의 미키를 끌어안고 샤워까지 같이 하며 조잘거리는 딸아이를 보면 좋은 소비란 생각이 든다. 인형 하나를 사주었을 뿐인데 그 인형이 아이에게 오랜 시간 친구이자 소울메이트로서 곁을 지켜주는 모습을 보니, 인형으로 또래의 친구를 만들어주고자 했던 창업자의 생각이 피부로 와닿는다. 한국에 돌아오고도 아이는 여전히 미키와 함께 잠을 청한다. 이젠 나도 미키에게 정이 들어 정말 한 가족이 된 것 같다. 철마다 새로운 옷을 못 사주는 것이 아쉬울 지경이다.

아메리칸 걸에는 드레스를 입은 우아한 인형뿐만 아니라 다양한 인형이 있다. 휠체어를 탄 인형, 목발을 든 인형, 안내견과 함께 있는 인형도 있다. 아이들이 어렸을 때부터 나와 다른 것에 어떠한 편견도 가지지 않도록 도와주는 데 한몫하고 있는 것이다. 역시 '아메리칸' 걸이라는 이름을 쓸 만한 자격이 있는 곳이다. 그러고 보면 미국은 이렇게 인형 가게에서도 '다름을 존중'하는 문화를 경험할 수 있다. 이런 사소하지만 자연스럽게 스며 있는 평등의 문화가 다양성의 나라 미국을 만든 게 아닐까. 뉴욕에 다시 들르게 된다면 또 한 번 아메리칸 걸을 방문할 것 같다. 아이를 위해서가 아니라 미키를 위해 예쁜 새 옷을 한 벌 사주고 싶어서다.

Victoria's Secret

여성의 숨겨진 욕망을
자극하는 브랜드

빅토리아 시크릿

×

www.victoriassecret.com

전 세계의 여성들이 빅토리아 시크릿 패션쇼를 보며 가슴 두근거렸던 때가 있었다. 사랑스러운 색감으로 장식한 화려한 무대를 걷는 이들이 하이패션 모델이 아니라 속옷 모델이라는 점이 낯설기는 했지만 볼륨 있으면서 길쭉한 몸매와 아름다운 미소를 가진 모델들이 화려한 속옷 차림에 날개를 달고 당당하게 무대를 걷는 모습은 충격적이면서도 멋졌다. 빅토리아 시크릿 패션쇼에 등장하는 모델들은 대중적인 인기를 한몸에 받았고 전 세계 여성들의 워너비가 되었다. 나 또한 예쁜 속옷을 입고 날개를 단 채 무대에 선 빅토리아 모델을 선망했다.

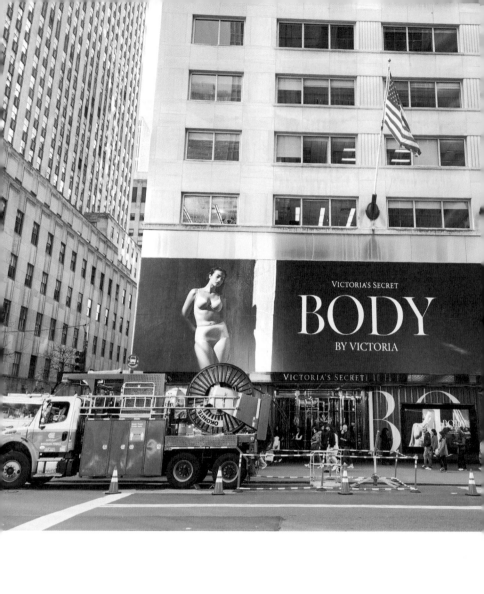

THERE'S A BOMBSHELL IN ALL

$20

속옷까지 예쁘고 싶은 여자들의 욕망을 자극하는 빅토리아 시크릿은 지금도 대체 불가능한 미국 최고의 속옷 브랜드다. 브랜드의 인지도를 한층 더 높여준 빅토리아 시크릿 패션쇼는 1995년에 처음 시작해 20년이 넘는 세월 동안 사랑받았다. 미란다 커, 지젤 번천, 알렉산드라 엠브로시오 등 최고의 모델들이 이른바 '빅(토리아) 시(크릿) 엔젤'로 유명세를 떨쳤고, 이후로도 탑 모델로 자리매김했다. 그러나 시대가 변하고 여성을 상품화한다는 비난과 함께 인종차별 이슈가 터져 쇼는 2018년을 끝으로 막을 내렸다. 이 패션쇼의 영향력이 얼마나 컸던지 패션쇼 폐지 소식이 알려지자 기업 주가가 폭락하기도 했다.

사실 속옷은 입는 사람에게만 만족감을 주는 의류다. 누군가에게 보여주기보다는 혼자 편하게 느끼거나, 스스로 만족감을 느끼는 브랜드를 선택하기 마련이다. 한편으로는 맨살에 걸치는 옷이다 보니 조심스럽게 구입하는 물건이기도 한데 빅토리아 시크릿은 그런 속옷의 이미지를 바꾸어 놓았다. 하나의 패션이 되는 속옷, 누구나 모델처럼 아름답고 화려하게 만들어주는 속옷, 거기에 스스로 만족을 느끼는 속옷의 이미지까지 더해 점차 영향력을 확장했다. 결국 빅토리아 시크릿은 여성의 숨겨진 욕망을 자극하고 파고들어 성공한, 세계적이며 최고인 브랜드로 자리 잡았다.

곳곳에 매장이 있지만 특히 록펠러 센터 근처 5th 애비뉴에 위치한 빅토리아 시크릿은 2, 3층을 둘러싼 강렬한 분홍빛 때문에라도 그냥 지나칠 수 없는 존재감을 뽐낸다. 매장에 들어서면 화려한 속옷부터 편안한 파자마, 애슬레저와 바디 용품까지 다양하게 진열되어 있어 눈이 바빠진다. 우리의 이미지 속 빅토리아 시크릿은 모델들이 입을 법한 화려하고 비싸 보이는 속옷을 파는 곳이다. 그러나 사실 빅토리아 시크릿의 대표 제품은 봉제선이 없는 편안한 속옷이다. 일명 '노쇼 라인'이라 불리는데 오래 입어도 보풀이 일거나 올이 풀리는 일이 없고, 가볍게 밀착돼서 집에서도 밖에서도 편하게 입을 수 있다. 그러니 어떤 속옷을 원하든 빅토리아 시크릿은 부담 없이 들를 수 있는 곳이다.

매장에 들르면 직원들은 친절하게 고객을 안내한다. 요청하는 손님에 한해 직접 속옷 사이즈를 재어주기도 하는데 그래서인지 직원 모두가 줄자를 들고 있다. 급하게 속옷을 사기 위해 들른 날 둘러볼 시간이 없어 "편안한 속옷을 찾고 있는데 추천해 주겠어?"라고 물으면 와이어가 없는 브래지어를 잔뜩 들고와 내 몸에 이것저것 대어보며 구매를 도와주었다. "정말 친한 친구가 결혼하는데 신혼여행 때 입을 속옷을 선물해 주고 싶어"라고 말한 날은 깜짝 놀랄 만큼 도발적이지만 그만큼 아름다운 속옷을 가져와 "틀림없이 친구가 좋아할 거야"라고 추천해 주기도 했다. 물론 혼자 조용히 상품을 구경하고 구매하고 싶다면 그 또한 의사를 존중해 주니 부담을 가질 필요는 없다.

한 브랜드가 오랫동안 사람들의 입에 오르내리는 것은 쉽지 않은 일이다. 무엇이든 화제가 되면 브랜드가 유지되는 것처럼 빅토리아 시크릿 또한 잊히지 않기 위해 애쓰고 있다. 최근에는 플러스 사이즈 모델, 흑인 모델, 트랜스젠더 모델 등을 기용해 편견 없이 여성을 위해 속옷을 만드는 브랜드라는 점을 드러내고 있다. 이런저런 논란도 있었지만 시대와 발맞춰 가기 위해, 시대에 따라가기 위해 노력하는 브랜드는 오래 사랑받을 수밖에 없다.

내가 사랑한
뉴욕의 서점

뉴욕의 독립서점

'책'과의 관계는 언제나 복잡미묘하다. 어렸을 때는 동화책도 읽고 만화책도 읽으면서 책을 좀 읽은 것 같은데, 어른이 되면서 조금씩 멀어졌다. 특히 결혼을 하고 아이를 낳고 보니 바쁘다는 핑계로 책 한 권 온전히 읽기가 쉽지 않다. 그래도 책을 좋아하는 마음이 한 구석에 남아 있어 표지가 마음에 드는 책, 좋아하는 작가가 출간한 책, 관심 있는 주제를 다룬 책을 틈날 때마다 구입한다. 읽는 것과는 별개로 말이다. 가까이 있지만 자주 볼 수 없고, 갖고 싶지만 막상 읽자니 생각대로 되지 않는 책. 결국 마음의 여유가 문제인데, 나는 뉴욕에서 좀 더 대담하게 책에 다가섰다.

　뉴욕은 책을 좋아하는 사람이 사랑할 수밖에 없는 도시다. 이곳에서는 책을 접하는 일이 훨씬 쉽기 때문이다. 이 말은 구입하는 것과 읽는 것이 모두 자연스럽다는 말이다. 뉴욕 퍼블릭 라이브러리에서는 수만 종의 책을 찾을 수 있고, 뉴욕을 대표하는 독립서점인 스트랜드 북스토어나 그 외 곳곳의 서점에서는 자신만의 독특한 큐레이션으로 읽고 싶어지는 책을 진열해 둔다. 특이하게 길거리에서 책을 만날 수 있는데, 몇몇 서점에서 근처 길가에 좌판을 열거나 트럭을 세워 책을 팔기 때문이다. 길을 가다가 문득 마음에 드는 책이 있으면 길거리에서 바로 구입해서 볼 수 있다. 새 책도 있지만 누군가의 손때가 묻은 헌책도 있다. 저렴한 페이퍼백 특성상 어차피 며칠만 보면 금방 구깃구깃해져서 헌책을 구입하는 것도 그다지 부담스럽지 않다.

뉴욕에는 헌책방도 많고 헌책과 새 책을 함께 파는 서점도 있는데 오래된 책이 많은 서점에 들를 때면 행운을 발견하지 않을까 기대도 하게 된다. 수집가들이 찾아 헤매는 유명 작가의 초판본을 만나지 않을까, 내가 좋아하는 작가의 절판된 책을 발견하지 않을까, 전혀 관심이 없었던 분야인데 푹 빠져버리게 되는 책을 찾지 않을까 하는 두근거림이 헌책을 구매하는 재미이기도 하다.

뉴욕에는 길거리에서 책 읽는 사람들의 모습을 종종 볼 수 있다. 카페에 앉아 커피 한잔과 함께 책을 읽는 사람, 센트럴 파크의 벤치에 앉아 흘러가는 계절을 느끼며 책을 읽는 사람, 메트로폴리탄 미

술관의 계단에 앉아 잠시 시간을 때우며 책을 읽는 사람도 있다. 뉴욕 어디에서나 책 읽는 사람을 볼 수 있으니 나 또한 책을 들고다니는 데 거리낌이 없어진다.

한 문장 읽고 커피 한 모금 마시고, 한 문장 읽고 시선을 돌리면 뉴욕의 풍경이 보인다. 이런 순간들이 모여 오랫동안 기억에 남는 독서의 추억을 만들어준다. 우리나라 책이 번역되어 영문판으로 출간되어 있기도 하고 한인계 작가들의 활동도 활발해서 관심이 가는 책도 많다. 그러니 뉴욕의 거리에서 서점을 발견한다면 꼭 구매할 책이 없어도 들러볼 가치가 있다. 내가 찾던 보물 같은 책이 기다리고 있을지도 모르니까 말이다.

—

스트랜드 북스토어 Strand Bookstore

우리나라 서점에 가면 새로 인쇄된 종이의 냄새와 잉크 냄새가 디퓨저와 섞여 은은한 향이 난다. 분야별로 진열된 책은 모두 빳빳하고 날카로워 잘못하면 손이 베일 만큼 새것이다. 깨끗한 책을 본다는 기쁨이 있지만 때로는 뒤적거리기가 미안하기도 하다. 하지만 뉴욕에 있는 스트랜드 북스토어는 책을 좀 더 편안하게 볼 수 있다. 이곳은 새 책만 취급하지 않기 때문이다.

1927년에 자그마한 독립서점으로 시작한 스트랜드 북스토어는 이제 세 개의 지점을 거느린 '독립서점계의 왕'이 되었다. 세 개 지점 중 가장 큰 곳은 뉴욕 중심가, 유니언스퀘어 남쪽에 있다. 유니언스퀘어 역에서 멀지 않은데 건물을 둘러싼 빨간색 간판이 눈길을 사로잡는다. 유구한 역사를 자랑하는 만큼 중후함이 느껴지는 외관의 서점에 들어서면 새 책과 헌책이 함께 진열되어 있다.

스트랜드 북스토어에 막 들어서면 정신이 없을 수도 있다. 워낙 책이 많고 사람도 많기 때문이다. 바깥에도 매대를 두어 중고 서적을 판매하는데, 날씨가 좋을 때는 책을 고르는 사람들로 무척이나 북적거린다. 1년에 약 150만 명이 드나든다고 하니 과연 독립서점의 규모인가 싶을 정도다.

1층에는 신간과 베스트셀러, 직원들이 큐레이팅한 책과 각종 굿즈들을 진열해 두었고, 지하와 2, 3층은 주제별로 책을 모아두었다. 특히 1층의 일명 '책과의 소개팅 Blind Date with a Book' 매대에 사람들이 북적거리는데 여기에 있는 책들은 포장지에 싸여 있어 구매하기 전까지 어떤 책인지 알 수 없다. 포장지를 뜯는 설렘이 있으니 선물용으로 인기가 좋다. 서점 직원들이 선정한 추천 도서를 선정 이유와 함께 진열해 놓은 매대도 있다. 이런 기획력이 돋보이니 뉴요커들이 오랫동안 이 서점을 사랑해 왔을 테다.

게다가 책으로 쌓은 유명세만큼이나 이곳은 굿즈로도 유명하다. 서점을 브랜딩해서 성공한 최고의 사례가 아닐까 싶다. 각종 에

코백과 머그컵, 엽서, 티셔츠 같은 상품들이 여행자들의 사랑을 듬뿍 받고 있는데 실제로 스트랜드 북스토어의 매출 중 15퍼센트가 굿즈 매출이라고 한다. 이러니 스트랜드 북스토어가 독립서점계의 왕이라는 칭호까지 얻게 된 게 아닐까.

스트랜드 북스토어의 슬로건은 '18 Miles Of Books'이다. 지하 1층부터 3층까지 진열된 책 250만 권을 일렬로 세우면 18마일이 되기 때문이다. 18마일은 29킬로미터 정도이니 얼마나 긴 거리인지 가늠할 수 있을 것이다. 그런 만큼 소설, 시 등의 문학부터 전문서적, 고서적, 절판본이나 희귀본까지 책을 다양하게 보유하고 있어 이곳에서 구할 수 없는 책이라면 뉴욕의 다른 서점에서도 찾기 쉽지 않다.

뉴욕의 스트랜드 북스토어, 일본의 쓰타야, 파리의 셰익스피어 앤 컴퍼니처럼 도시를 대표하면서 그 도시의 랜드마크가 되는 서점이 있다는 건 부러운 일이다. 우리나라에도 2000년대 후반부터 독립서점들이 꽤 많이 들어섰다. 서울에 있는 '땡스북스'나 '고요서사', 속초의 '동아서점', 제주에 있는 '책방무사' 같은 곳이 오래도록 자리를 지키며 살아남아 언젠가 해외 관광객들도 찾는 유명한 독립서점이 되었으면 하는 바람이다.

키친 아츠 앤 레터스 Kitchen Arts & Letters

최근 우리나라에서도 한 분야에 특화된 독립서점이 생기고 있다. '책크인'이란 이름의 여행책만 전문으로 판매하는 서점이 있는가 하면 에세이만 취급하는 '무슨서점'이라는 서점도 있다. 대전에 가면 '도어북스'라는 독립출판물만 전문으로 하는 서점도 있다고 한다. 이렇게 카테고리를 세분화한 서점에 가면 그닥 관심 없던 분야에 흥미를 가질 수도 있고, 미처 발견하지 못한 재미난 책을 찾을 수도 있다. 서점 큐레이션에도 집중력이 생겨서 구경하는 것만으로도 새로운 세계를 탐험하는 기분이다.

　책을 사랑하는 뉴욕에도 물론 이런 서점들이 있다. 그중에서도 내가 가장 좋아했던 곳은 키친 아츠 앤 레터스로, 음식과 요리 전문 서점이다. '요리와 관련된 책이 얼마나 있을까' 싶은 가벼운 마음으로 찾는데, '세상에 요리를 좋아하는 사람들이 이렇게 많구나'를 깨닫게 되는 곳이다.

　서점 특성상 책장을 넘기기만 해도 눈이 즐겁다. 요리 책은 40퍼센트 이상을 해외에서 수입해 온다는데 그만큼 책 속의 이국적이고 이색적인 요리들이 군침을 돌게 한다. 요리책뿐만 아니라 음식과 음료에 관한 인문서나 음식과 관련이 있는 역사책, 여행책, 소설

책도 구비하고 있으며, 품질 좋은 올리브오일 같은 먹거리도 판매한다. 꼭 책을 사지 않더라도 오래전 메뉴판을 바탕으로 디자인한 레트로한 엽서나 포스터, 서점 로고가 적힌 모자나 티셔츠 등도 있으니 구경만으로도 즐겁다.

영화 〈줄리 앤 줄리아〉(2009)로도 유명한 요리연구가 줄리아 차일드Julia Child, 미국 요리의 아버지 제임스 비어드James Beard 등이 이 서점의 고객이기도 했다. 지금도 미슐랭 스타 셰프와 요리를 좋아하는 사람들이 모두 찾는 서점이며 요리사들에게 더 유명한 서점이라고 한다.

이 서점의 주인인 나흐 왁스만Nach Waxman은 요리책에 꽂혀 한 권 한 권 책을 사 모으다 서점을 열었다고 한다. 좋아하는 것을 수집하는 것으로 충분치 않아 가게를 차리고 '음식' 하면 떠오르는 뉴욕의 대표 서점으로 자리매김하기까지 얼마나 열정적으로 파고들었을지 상상할 수 없다. 무언가를 정말 좋아하고 누구보다 열심히 노력하기까지 해온 사람은 당할 자가 없는 것 같다. 원래는 출판사에서 일했다고 하는데, 그래서 그런지 이렇게 흥미롭고 감각적인 서점을 열 수 있지 않았나 싶기도 하다.

Temple of Dendur

큐레이팅의
승리

메트로폴리탄 미술관 덴두르 신전

×

1000 5th Ave, New York, NY 10028
www.metmuseum.org

영화 〈오션스 8〉(2018)은 뉴욕을 사랑하는 이들에게, 그리고 패션
과 보석을 사랑하는 이들에게 다양한 볼거리를 주는 영화다. 특히
주인공들이 엄청난 가격의 까르띠에 보석을 훔치기 위해 메트로폴
리탄 미술관 곳곳을 돌아다니는 모습이 인상적이다. 파티를 즐기
는 사람들의 화려한 의상과 반짝이는 보석이 눈을 팽팽 돌게 한다.

1948년부터 매년 5월 첫째 주 월요일에는 메트로폴리탄 미술
관 의상 연구소에서 주최하는 '멧 갈라'라는 자선 모금 행사가 열린
다. 이 행사에 초청된 스타들은 매년 달라지는 코스튬 테마에 따라
저마다 개성을 드러낸 차림새를 뽐낸다. 멧 갈라에 조금이라도 관

심이 있다면 화제가 되었던 몇몇 스타의 모습을 기억할 것이다. 가톨릭의 상상력이 더해진, 화려하면서도 신비로운 채드윅 보즈먼의 베르사체 사제복, 몸의 실루엣을 그대로 드러내는 킴 카다시안의 매릴린 먼로 드레스 등이 떠오른다. 〈오션스 8〉 속 멧 갈라 행사의 배경이 되는 장소는 메트로폴리탄 미술관 1층의 이집트관인데, 사라진 왕국의 흔적 위에서 펼쳐지는 화려한 파티라니, 거대한 신전의 모습과 대비되어 알 수 없는 아이러니를 느끼게 된다.

사실 메트로폴리탄 미술관의 이집트관은 큐레이팅의 승리를 보여주는 곳이다. 1960년대 이집트는 나일강에 댐을 건설하는데 그 때문에 수많은 유적이 수몰될 위기에 처했다. 이에 유네스코에서 유적을 이전하는 데 도움을 주었고 이집트는 이 과정에서 가장 돈을 많이 낸 미국에 덴두르 신전을 선물했다. 덴두르 신전은 로마 제국 초대 황제인 아우구스투스가 건설한 것으로 이집트의 여신 이시스를 위한 신전이다. 아무튼 덴두르 신전이 미국으로 오게 되면서 많은 박물관과 미술관들이 덴두르 신전을 유치하기를 바랐다. 메트로폴리탄 미술관 외에도 워싱턴 D.C.의 스미스소니언 박물관 등 여러 곳이 경합을 벌였는데 치열한 경쟁 끝에 메트로폴리탄 미술관의 품에 들어왔다. 메트로폴리탄에서 가장 멋진 큐레이팅을 제안했기 때문이다.

원래 덴두르 신전은 나일강을 옆에 낀, 자연의 품속에 있었다.

메트로폴리탄 미술관은 신전을 실내로 옮겨오며 자연 속에 있는 느낌을 재현하기 위해 별도의 건물을 건축하면서 전면을 유리로 만들었다. 그리고 신전의 원래 지형과 덥고 건조한 기후까지 재현하고, 나일강을 연상시키는 작은 호수와 악어 조형물, 갈대 등의 요소까지 재현하려 애썼다. 바로 이 디테일에 미국 정부가 메트로폴리탄 미술관의 손을 들어준 것이다. 실제로 이런 섬세한 큐레이팅은 신전의 사암 재질을 보호하는 기능도 한다고 하며 이집트의 건조한 사막이 그대로 전해지는 듯해 관람객에게 신비로움을 전한다. 직접 방문해 보면 덴두르 신전은 실내임에도 불구하고 큰 창 너머의 센트럴 파크와 어우러지며 고대 이집트는 물론이고 뉴욕의 풍경까지 함께 감상하는 재미가 있다.

메트로폴리탄 미술관에서는 이집트관뿐만 아니라 다양한 곳에서 결혼식이나 장례식, 패션쇼 등 여러 행사가 열린다. 메트로폴리탄 미술관에 기부를 많이 한 사람들에게 주는 특별한 혜택이라고 한다. 세계적인 유산을 지키는 데 엄청난 돈을 쓰고 신전을 선물받은 것처럼, 화끈하게 기부한 자에게 특별한 혜택을 주는 메트로폴리탄 미술관 또한 미국스럽다. 미국에서는 이처럼 문화와 예술 또한 돈으로 만들어지고 유지되며 번성한다. 이것이 바로 미국을 이끄는 힘이 아닐까 싶기도 하다.

Chap

ter 2

예술,

시간이 흘러도
퇴색되지 않는
아름다움

New York

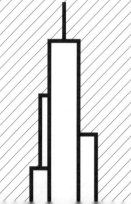

여성 컬렉터의
발견

뉴욕 현대미술관

×

11 W 53rd St, New York, NY 10019
www.moma.org

1929년은 미국의 역사에서 중요한 해였다. 1918년 제1차 세계대전이 끝났지만 전쟁에서 이긴 나라도, 진 나라도 경제적으로 큰 어려움을 겪었다. 그때 전쟁터에서 지리적으로 떨어져 있는 미국에서 유럽에 기술과 자본을 빌려주었고 세계는 전쟁의 피해를 복구하는 듯했으나 1929년 10월 미국 증권 시장에서 주가가 대폭락하며 미국의 경제공황이 시작되었다. 이로 인해 유럽을 포함한 전 세계로 이어지는 세계 경제 대공황이 시작된다.

이런 어려운 시기에 뉴욕에서는 놀라운 일이 일어났다. 뉴욕 현대미술관이 개관한 것이다. 국가적인 경제 위기 상황 속에서도 "문

화와 예술의 빛으로 시대를 밝히겠다"라는 신념으로 문을 연 현대미술관의 주축은 모두 여성들이었다.

뉴욕 현대미술관을 세운 이들은 애비 록펠러^{Abby Rockefeller}와 두 친구 릴리 플러머 블리스^{Lillie Plummer Bliss}, 메리 퀸 설리번^{Mary Quinn Sullivan}이다. 애비 록펠러는 석유왕 존 D. 록펠러^{John D. Rockefeller}의 아들 존 D. 록펠러 주니어의 부인이며 유럽 미술은 물론 현대미술에도 관심이 많아 여러 작품을 구입해 왔었다. 메리 퀸 설리번은 미술 선생님 출신으로 일찍이 유럽 유학 경험이 있어 미술에 조예가 깊었고 변호사 남편과 함께 미술 작품을 사곤 했다. 릴리 블리스는 섬유 부호이자 내무부 장관을 지낸 코닐리어 넬슨 블리스^{Cornelius Nelson Bliss}의 딸로서 역시 미술을 좋아해 셋은 의기투합하게 되었다.

특히 이들은 현대미술에 관심이 많아 기존의 미술관과 달리, 현대미술 작품을 전시하는 미술관을 만들고자 했다. 그러나 생각만큼 현대미술관을 설립하는 과정은 순탄하지 못했다고 한다. 당시만 해도 주류 미술계에서 현대미술은 인정받지 못했기 때문에 부를 과시하고자 미술품을 수집하는 부유층들에게 큰 관심사가 아니었던 것이다. 심지어 가족도 그들의 취향을 이해하지 못했다고 전해지는데 릴리는 어머니 몰래 작품을 보관했을 정도라고 하니 설립은 난항을 겪을 수밖에 없었다. 운영 기금 규모가 적어 미술관은 개관하고 10년간 세 번이나 이사를 다녀야 했는데 결국 애비의 남편 존 록펠러가 자금을 대주어 미술관 부지를 확보하고 거액의 돈을 지원받게 되면서 드디어 지금의 뉴욕현대미술관이 만들어질 수 있었다.

맨해튼 한가운데 위치한 현대미술관은 회화, 조각, 사진, 영화, 그래픽아트 등 15만여 점의 작품을 소장하고 있다. 19세기 말부터 현대의 작품까지 소장한 뉴욕을 대표하는 근현대미술의 메카로서 고흐의 「별이 빛나는 밤」, 마티스의 「춤」에서부터 호퍼의 「밤 창가」, 로스코의 「No. 5 / No. 22」 등 시대를 초월한 거장의 작품을 만날 수 있다.

오늘날 뉴욕 현대미술관은 세계에서 가장 영향력 있는 현대미술관이 되었다. 그리고 뉴욕이란 도시 자체가 현대미술의 심장부가 되었다. 그래서 뉴욕 하면 현대미술관부터 떠올리는 미술 애호가들도 많을 정도다. 미술 애호가들은 이 사랑스러운 미술관을 모마MoMA라고 부르기 좋아한다.

내가 이곳에서 가장 자주 본 그림은 모네의 「수련」이다. 엄청난 크기의 파노라마로 펼쳐진 「수련」은 관람객으로 하여금 실제 연못에 들어간 것처럼 느끼게 한다. 거의 모든 그림이 그렇지만 특히 「수련」만큼은 직접 미술관에서 보면 좋을 듯하다. 실제 작품의 크기와 배치가 주는 몰입감이 엄청나기 때문이다. 게다가 그림 안에 이어지는 색의 다채로움과 빛의 조화 또한 무척 아름답다. 푸른 호수와 초록색과 분홍색이 어우러지는 수련, 그리고 그 사이사이를

통과하는 빛이 강렬하지는 않지만 잔잔하고도 고아해서 몇 시간이고 바라보고 싶어진다.

또 하나 좋아하는 그림은 로스코의 그림인데, 「No. 5/No. 22」「No. 3/No. 13」「No. 13」 등이 전시되어 있다. 로스코의 그림은 멀리서 봐도 그 강렬한 색감만으로 존재감을 자랑한다. 몬드리안과 칸딘스키가 선을 중심으로 표현했다면 로스코는 색을 중심으로 표현하는 작가다. 하지만 로스코는 자신은 추상주의자가 아니며 색깔이나 형태에는 관심이 없고 단지 인간의 기본적인 감정에만 관심이 있다고 말했다. 그렇다면 그의 그림에서 색감보다는 그가 표현하고자 했던 감정을 찾아보는 것도 좋은 관람법이다. 강렬한 색과 과감하게 겹친 붓질을 통해 표현하고자 했던 감정은 무엇일까 궁금해진다.

모마는 우리나라 사람들에게도 무척 인기 있다. 아름다운 미술 작품만큼이나 감각적인 디자인 스토어도 인기에 큰 몫을 한다. 'MoMA'라는 심플한 글자가 적힌 티셔츠나 에코백, 모자도 좋지만 선별해서 진열해 둔 컵, 테이블매트, 조명 등의 주방용품이나 인테리어 소품은 예술의 실용적 면모를 보여준다. 현대미술에 강한 미술관답게 고전적인 디자인보다 심플하고도 차가운 디자인이 중심이다. 그렇다고 너무 과감하지도 않아 어느 곳에 두어도 튀지 않기 때문에 더 세련되어 보이는 아이템을 잔뜩 모아두었다.

알 만한 사람은 알 테지만 몰랐다면 미리 알아두면 좋을 팁이 있다. 현대카드를 가지고 있으면 모마를 무료로 관람할 수 있다. 2006년, 현대카드가 모마와 파트너십을 맺었기 때문이다. 금전적인 지원은 물론이고, 국내 예술인의 세계 진출을 지원하거나 모마의 작품을 국내에 전시하는 등 활발하게 교류하고 있다. 현대카드는 '아트 마케팅'이라는 이름으로 미술, 음악 등 문화 마케팅에 집중하는데 모마와의 관계도 그중 하나로 보인다. 특히 2019년부터는 모마 4층에 위치한 크래비스 스튜디오에서 열리는 모든 퍼포먼스 아트를 현대카드가 지원한다. 메인 전시 외에 퍼포먼스 아트까지 전적으로 지원함으로써 모마와 현대카드가 더욱더 돈독한 관계를 맺었는데, 정태영 현대카드 부회장은 "후원자를 넘어 서로 응원을 주고 받는 파트너가 되었다"라고 말하기도 했다. 국내뿐 아니라 해외에서도 활발히 문화 사업을 펼치는 기업이 있어 한국 국민이 그 덕을 보고 있는 셈이니 반갑고 고마울 뿐이다.

미국의 문화적
저력을 보여주다

메트로폴리탄 미술관

×

1000 5th Ave, New York, NY 10028
www.metmuseum.org

메트로폴리탄 미술관은 미술 전공자이자 뉴욕 생활자로서 수없이 드나들었다. 200만 점에 달하는 예술품이 있으니 부지런히 드나들어야 이곳에 머무르는 동안 메트로폴리탄 미술관을 꼭꼭 씹어 먹을 수 있을 것 같았다. 어마어마하게 펼쳐진 예술 작품들의 향연에서 나는 자주 미국인들의 자부심을 느꼈다.

사실 메트로폴리탄 미술관은 1870년 개관했을 때만 해도 로마의 석관 하나와 유럽 회화 작품 170여 점이 전부였다고 한다. 고작 150여 년 만에 이토록 많은 작품을 소장할 수 있었던 것은 유럽에 뒤지지 않는 최고의 미술관을 미국에 만들고 싶다는 미국 명망가들의 기증과 유증이 뒷받침되었기 때문이다. 록펠러 가문이 기부한 3000여 점의 작품이 메트로폴리탄 미술관의 토대가 되었다고 해도 과언이 아닌데, 여기에다 1901년, 기관차 회사의 소유주였던 제이컵 로저스Jacob Rogers가 800만 달러를 기부해 고흐의 「사이프러스 나무가 있는 밀밭」 등 수백 점의 작품을 살 수 있었다고 한다. 이 외에도 리먼 브라더스의 로버트 리먼Robert Lehman, JP 모건의 J. P. 모건 등이 기꺼이 그들의 개인 소장품을 기증했다고 한다.

작품의 엄청난 수만큼 다양한 국가와 시대, 장르에 걸친 작품들이 섹션별로 정리되어 있다. 미국 미술은 물론이고 고대, 아시아, 이집트, 유럽, 이슬람 미술 등 전 세계를 아우르는 작품을 선보인다. 특히 유럽 회화 작품을 많이 가지고 있는데 고흐나 고갱, 루벤스와 렘브란트, 모네와 같은 이름만 들어도 알 법한, 미술사에서 가치 있게 평가받는 작품들을 두루 소장하고 있는 것은 메트로폴리탄 미술관의 자랑이다. 이런 라인업이 가능한 것은 메트로폴리탄 미술관만의 특별한 제도 덕분이기도 한데 고가의 걸작을 구매하기 위해 명성이 다소 떨어지는 소장품을 과감히 매각하는 수집 정책을 펼친다. 이른바 '디액세셔닝Deaccessioning 정책'이다. 사실 디액세셔닝 정책은 어떤 작품을 내다 팔 것인지에 관한 논란이 끊이질 않았다. 그렇지만 나라 자체의 역사가 길지 않아 과거로부터 물려받은 문화 유산이 적은 미국의 미술관으로선 유럽의 미술관에 뒤지지 않는 양질의 컬렉션을 갖추기 위해 불가피한 선택이었을 것이다.

메트로폴리탄 미술관을 정말 수없이 드나들면서 수없이 많은 작품을 봤지만 가장 재미있게 본 전시는 2018년의 '헤븐리 보디 Heaven-ly Bodies: Fashion and Catholic Imagination'라는 패션 전시회였다. 가톨릭을 중심으로 한 중세 미술에 영감을 받은 디자이너들의 의상을 전시한 기획이다. 웅장한 음악과 함께 샤넬, 크리스챤 디올, 톰 브라운, 돌체 앤 가바나에서 보여주는, 화려하면서도 종교적인 색채가 물씬 느껴지는 의상들이 아름답고도 신선했다. 저마다 브랜드의 개성을 잃지 않으면서도 경건하기도 하고, 또 옷의 모든 부분이 너무나 섬세해서 하나하나가 예술 작품 못지않았다.

2019년에는 레오나르도 다빈치의 서거 500주년을 기념한 특별전이 열렸다. 메트로폴리탄 미술관은 로마의 바티칸 박물관에서 특별 대여한 「광야에서 기도하는 세인트 제롬」을 공개했다. 미완성작이지만 다빈치의 지문까지 남아 있는, 다빈치의 섬세한 드로잉을 볼 수 있는 작품이었다. 다빈치는 수많은 작품과 습작을 남겼는데 오늘날까지 전해지는 작품들을 보다 보면 그가 그림을 그리기 전에 얼마나 꼼꼼하고 치밀하게 연구study했는지 알 수 있다. 흔히 세상은 다빈치를 천재라고 부르지만, 그는 노력하고 또 노력하는 화가였다. 주어진 재능에 노력까지 보태야만 비로소 역사에 길이 남을 명작을 남길 수 있다는 걸 다시 한번 깨달으며 그의 작품을 오랜 시간 눈에 담았다.

어느덧 메트로폴리탄 미술관은 뉴욕 시민뿐만 아니라 전 세계

인의 사랑을 받는 미술관이 되었다. 이 미술관의 존재 의의는 국가가 만든 것이 아니라 사업가와 문화 애호가가 뜻을 모아 만들었다는 데 있다. 개관할 때만 해도 유럽의 유명 미술관을 모델 삼아 '미국에도 이런 문화적 힘을 기르자'는 취지로 시작했다고 하는데 어느덧 파리의 루브르 박물관이나 영국의 내셔널 갤러리 못지않은 세계적인 미술관의 반열에 올랐다.

우리나라도 2021년, 삼성그룹 이건희 회장의 미술품 컬렉션을 유족들이 뜻을 모아 기증해서 화제가 되었다. 2만 2181점에 이르는 어마어마한 규모인 데다 미술사에서 가치 있는 작품들이 가득하다. 기부 이후 여러 차례 열린 이건희컬렉션 특별전에 수십만 명의 관람객이 몰렸다고 하니, 이 덕분에 한국 미술계가 얼마나 풍요로워졌는지 알 수 있다. 해외 미술관에서만 볼 수 있었던 모네, 고갱, 샤갈, 피카소 등의 작품을 우리나라 미술관에서 만날 수 있다는 점에서 과연 '세기의 기증'이라 불릴 만하다.

핸드백 제조기업인 시몬느의 박은관 회장도 개인 소장품인 김환기 화가 컬렉션을 청남대 호수영 갤러리에 전시하여 청주 시민들에게 보여주고 있다. 문화적으로 소외받는 비수도권 지역에 이런 공간과 기회가 주어진 것이 기쁘다. 앞으로 우리나라에도 좀 더 활발한 기부나 기증이 이어져 한국 미술의 저변이 더 넓어졌으면 좋겠다. 그러다 보면 언젠가 한국에도 메트로폴리탄 미술관처럼 세계인이 찾는 미술관이 탄생할지도 모를 일이다.

Leonardo da Vinci
Italian, 1452–1519
Study for the Head of the Virgin, ca. 1510–
Soft, grayish black chalk; darker black chalk
and red chalk
Harris Brisbane Dick Fund, 1951 (51.90)

Leonardo created this highly finished late str
preparation for his painting *Virgin and Chil*
St. Anne and a Lamb in a Landscape (now
Louvre), which he refined on-and-off until th
of his life. The Met's drawing in red and blac
is an excellent example of the artist's famous
technique. Here, he worked the two chalks c
stumping or rubbing strokes together to cr
seamless transitions of tone, from dark sha
to intense highlights. The figure has a pow
sculptural presence, which is grounded in Le
scientific investigations of the phenomena of l
shadow. Examination under a microscope re
artist's use of left-handed parallel hatching,
obscured as he developed the modeling of the
features.

Leonardo da Vinci, V
Child with St. Anne
in a Landscape, bego
1507–8. Oil on popli
Musée du Louvre, Pa

뉴욕에서 중세 유럽으로
여행하는 법

클로이스터스 박물관

×

99 Margaret Corbin Dr, New York, NY 10040
www.metmuseum.org/cloisters

클로이스터스 박물관은 메트로폴리탄 미술관의 분관으로 맨해튼 북서쪽 끝에 위치해 있다. 복잡한 시내와 그다지 멀리 떨어져 있지 않지만 공기는 사뭇 다른 느낌이다. 중세 시대 수도원과 교회의 잔해를 모아 건물을 만들었기 때문인지 편안함과 차분함이 느껴지고 우아하기까지 하다. 화려하게 조경하지 않은 자연스러운 정원까지 더해져 마치 시간을 거슬러 중세 시대로 돌아간 기분까지 든다.

더 멧 클로이스터스The Met Cloisters라는 이름을 구성하는 '클로이스터스'는 중세 사원 건축, 특히 수도원에서 볼 수 있는 안뜰 둘레의 회랑(사원이나 궁전 등에서 주요 부분을 둘러싼 지붕이 있는 긴 복도)을 뜻한다. 마치 중세로 시간 이동한 듯한 박물관의 고요한 계단을 올라

메인 층에 들어서면 아름다운 곡선을 이루는 기둥으로 둘러싸인 회랑과 중정이 나타난다. 이곳이 바로 박물관 이름의 유래가 된 클로이스터스다.

클로이스터스는 1930년에 건축을 시작했지만 12~15세기 건축물의 잔해를 조합해 만들었기 때문에 그 시대의 분위기가 그대로 남아 있다. 돌 하나하나를 그대로 옮겨왔다고 하니 그 정성과 고집에 감탄하게 된다. 건물 안에는 영화에서나 등장할 것 같은 웅장한 건축물에 어울리는 중세 유럽 예술품을 전시하고 있다. 9세기부터 16세기까지의 중세 유럽 로마네스크 양식과 고딕 양식 작품을 3000여 점이 소장되어 있다.

클로이스터스의 설립 또한 뉴욕의 다른 미술관과 마찬가지로 미술을 사랑하는 컬렉터와 자본가의 역할이 컸다. 중세 예술을 사랑한 미국의 조각가 조지 그레이 버나드George Grey Barnard가 예술 작품을 모았고 석유왕 존 록펠러의 아들 록펠러 주니어가 그 수집품을 사들였다. 록펠러 주니어는 자신의 수집품과 조지 그레이 버나드의 수집품, 그리고 지금 클로이스터스가 자리하고 있는 부지까지 메트로폴리탄 미술관에 기증했다.

돌 조각 하나, 장식 하나가 귀중한 유물인 클로이스터스에서 가장 유명한 작품은 「메로드 제단화」다. 15세기의 네덜란드 화가 로베르 캉팽Robert Campin의 작품으로, 세 개의 패널로 구성되어 있다. 가

운데 패널에는 대천사 가브리엘이 성모 마리아에게 예수를 잉태할 것이라 알리는 '수태고지The Annunciation'가 그려져 있다. 미래의 일을 예측하지 못한 채 조용히 앉아서 책을 읽는 성모 마리아와 조심스럽게 다가서는 대천사 가브리엘의 모습이 중앙에, 나머지 좌우 패널에 그 모습을 바라보는 사람들의 모습이 그려져 있다. 수태고지가 있는 방 안에 들어서면 마치 그림 속 15세기 네덜란드에 온 듯한 착각마저 든다. 섬세하게 그려진 그림뿐만 아니라 방 안의 소품들, 고풍스러운 촛대나 스테인드글라스 창문 같은 것들이 시간을 되돌려주는 듯하다.

마음을 차분히 가라앉히고 싶을 때마다 찾던 박물관이다 보니 뉴욕에 있는 동안 종종 들렀다. 내가 일하고 생활하던 뉴욕 한복판은 언제나 시끄러웠으니까. 덕분에 기획 전시도 종종 볼 수 있었는데 아직도 기억에 남는 전시는 캐나다 출신의 현대 예술가 재닛 카디프Janet Cardiff의 2013년 전시 '40개의 모테토The Forty Part Motet'다. 클로이스터스의 예배당 안 십자가상 앞에 수십 개의 스피커로 성가대의 노래를 들려주는 전시였는데, 오로지 사람의 목소리만으로 울리는 소리와 클로이스터스의 조각이 어우러지는 특별한 전시였다. 현대미술이 클로이스터스에서 전시된 것은 그때가 처음이었다. 스페인에서 가져온 산타마리아 교회의 프레스코화와 돔 천장에 매달려 있는 그리스도 십자가가 현대미술과 어우러지는 순간, 그야말로 중세 시대 예배당으로 시간여행을 온 듯했다. 그 안에서 성가대의 노래를 듣는 사람들의 자세는 모두 달랐지만 경건하고 성스러운 감동만은 함께 느꼈을 것이다.

고즈넉한 중세를 그대로 옮겨놓은 듯한 박물관의 모든 곳이 좋았다. 그렇지만 역시 가장 추천하고 싶은 장소는 회랑으로 둘러싸인 정원이다. 소박하고 단정하기까지 한 이곳이 유독 재미있는 건 중세 시대 정원을 꾸미던 방법 그대로 식물을 배치했다는 것이다. 약용 식물, 요리용 식물, 염색용 식물을 모아 중세의 방식대로 길렀다고 하니 옛날에는 이 식물을 어떻게 사용했을까 궁금해진다.

클로이스터스는 중세 시대 작품이 주를 이루는 만큼 종교적인 색채가 강하다. 신실함이 배어나는 조각과 스테인드글라스, 성화, 태피스트리가 아주 오래전부터 그 자리에 있었던 듯 곳곳에 자리를 잡고 있다. 박물관인데도 십자가가 매달려 있으니 정말 예배당에 온 것 같다. 마침 포트 트라이언 파크가 미술관을 둘러싸고 있으니 중세 분위기와 자연을 함께 즐기기도 좋다. 메트로폴리탄 미술관 분관인 만큼 메트로폴리탄 미술관 관람 티켓으로도 이곳을 방문할 수 있다. 다만 거리가 있는 편이라 하루에 두 곳 모두를 방문하는 것은 추천하지 않는다. 중세 미술에 관심이 없어도, 크리스천이 아니어도 누구나 쉬이 평온함과 고요함에 젖어들 수 있다. 시간을 박제한 이 공간에서 시대, 종교, 인종을 뛰어넘는 보편적 정서를 느낄 수 있는 곳이다. 나라는 존재가 확장되고 인류와 연결되는 웅장한 기분을 클로이스터스 박물관에서 느껴보기 바란다.

Neue Galerie New York

선택과 집중이 만들어낸
컬렉션

노이에 갤러리

×

1048 5th Ave, New York, NY 10028
www.neuegalerie.org

센트럴 파크의 동쪽, 맨해튼의 중심지 5th 애비뉴의 82nd 스트리트에서 105th 스트리트까지를 '뮤지엄 마일Museum Mile'이라 부른다. 말 그대로 뮤지엄이 모여 있는 거리인데 메트로폴리탄 미술관, 구겐하임 미술관, 프릭 컬렉션과 쿠퍼 휴잇 스미소니언 디자인 박물관, 노이에 갤러리 등이 나란히 위치해 있다. 19세기 초, 미국의 산업혁명과 도금 시대Gilded Age, 호황 시대를 이끌었던 내로라하는 대기업 총수들이 이곳에 모여 살았는데, 이때만 해도 이 길의 이름은 '백만장자 마일'이었다고 한다. 그러다 시간이 흐르고 이들의 저택이 박물관이나 미술관으로 보존되면서 자연스레 거리의 이름이 '뮤지엄 마일'로 바뀌었다. 이렇게 한 거리에 쟁쟁한 박물관이 모여 있다는

건 미술관이 부족한 나라에 사는 사람에게는 부럽고도 부러운 일이다.

메트로폴리탄 미술관이나 구겐하임 미술관처럼 쟁쟁한 이름에 다소 묻힌 감이 있지만 그들 못지 않게 뉴요커들이 사랑하는 갤러리가 이 거리에 있다. 바로 노이에 갤러리다. 노이에 갤러리는 세계적인 화장품 브랜드 에스티로더 오너의 아들인 로널드 로더Ronald Lauder가 개관한 갤러리다. 노이에의 'Neue'는 'New'를 뜻하는 독일어로 20세기 초 독일과 오스트리아에서 이른바 '분리파'라는 이름으로 기성 미술에 반발해 새로운 길을 모색한 미술 사조를 말한다. 그 유명한 오스트리아의 클림트를 비롯해 에곤 실레, 오스카어 코코슈카, 파울 클레 등이 있다.

노이에 갤러리는 이름 그대로 분리파에 집중하고 있는 미술관이다. 미술상이자 전시 기획자인 세르주 사바스키Serge Sabarsky와 로널드 로더가 의기투합해 시작했으나 개관을 준비하던 중 사바스키가 세상을 떠났고 2001년 로더가 혼자 노이에 갤러리를 개관하게 되었다. 로널드 로더는 개관을 함께 준비하던 사바스키가 먼저 떠나간 것을 무척 애통해했고, 그래서 노이에 갤러리 1층 카페 이름을 사바스키로 붙였다. 이곳은 갤러리의 정체성에 충실하게 슈니첼과 굴라슈 같은 독일과 오스트리아의 음식과 음료 등을 선보이는 것으로 유명하다.

노이에 갤러리를 대표하는 작가로는 클림트를 꼽고 싶다. 아마 황금색으로 빛나는 두 연인이 입을 맞추는 「키스」라는 작품을 떠올릴 텐데 그 작품은 오스트리아 벨베데레 궁전 미술관에 있다. 오스트리아 빈 국제공항에는 "구스타프 클림트의 「키스」를 보지 못했다면 빈을 떠나지 말라"라는 문구가 걸려 있다고 하니 클림트가 얼마나 전 세계의 사랑을 받고 있는지 알 수 있다.

노이에 갤러리에도 「키스」 못지않은 클림트의 걸작이 있는데 바로 「아델레 블로흐바우어 부인의 초상」이다. 이 그림은 노이에 갤러리에서 가장 유명한 작품이자 흥미로운 이야깃거리가 있는 작품이다. 그림의 주인공인 아델레 블로흐바우어 부인은 오스트리아의 부유한 사업가의 아내로 클림트가 아델레의 초상화를 그려서 선물하며 이야기는 시작된다. 그녀가 죽고 난 뒤 남편은 이 작품을 조카에게 주겠다는 유언을 남겼으나 그림은 나치에 의해 몰수당한 뒤 오스트리아 정부로 넘어간다. 조카 마리아 알트만은 오스트리아 정부를 상대로 그림을 되찾기 위해 8년간의 싸움을 시작했고 결국 그림을 되찾는다. 이 과정이 영화 〈우먼 인 골드〉(2015)에 담겨 있다.

「아델레 블로흐바우어 부인의 초상」은 클림트 특유의 황금빛과 기하학적 무늬가 모여 화려함의 극치를 보여준다. 황금의 빛과 오묘한 표정으로 표현된 여인의 모습에는 누구나 반할 수밖에 없는 클림트 미술의 압도적인 힘이 담겨 있다.

이 그림을 마주한 사람이라면 누구나 마리아 알트만이 8년간의 긴 싸움을 할 수밖에 없었으리라 생각하게 될 것이다. 그러니 뮤지엄 마일 어딘가에 "구스타프 클림트의 「아델레 블로흐바우어 부인의 초상」을 보지 못했다면 뮤지엄 마일을 떠나지 말라"라고 적어놔도 이상할 것이 없다.

이 외에도 에곤 실레의 「자화상」, 오스카 코코슈카의 「에밀 뢰벤바흐의 초상」 등의 작품이 노이에 갤러리에 있다. 실레의 작품은 클림트의 그림과는 정반대의 방향에 있는 듯한 느낌을 준다. 강렬한 색감보다는 거친 듯 과감한 선으로 인물을 그려내는데, 선 하나하나가 강한 몰입감을 가지고 있기에 그림이 그다지 크지 않아도 집중하게 된다. 클림트, 실레와 함께 오스트리아 빈에서 활동한 오스카 코코슈카는 강렬한 색감으로 인물화를 그려냈다. 「에밀 뢰벤바흐의 초상」은 약간은 그로테스크할 정도로 색과 선을 과감하게 썼다. 멍한 듯한 표정을 보면 과연 그림의 주인공인 에밀 뢰벤바흐는 이 과감한 시도를 좋아했을까 걱정이 들기도 한다. 클림트와 실레, 코코슈카는 빈에서 교류하며 서로의 영향을 받은 화가들이다. 그들이 어떤 이야기를 나누며 함께 분리파를 발전시켰을지 상상해 보는 것도 무척 즐겁다.

　노이에 갤러리는 "모든 시대에는 그 시대만의 고유한 예술이, 예술에는 예술만의 고유한 자유가 존재한다"라는 캐치프레이즈를 가지고 있다. 기존의 아카데미즘이나 관 주도의 전시회로부터 자신들의 예술을 '분리'하려고 애썼던 오스트리아와 독일 분리파 화가들의 그림을 만날 수 있다는 점에서 사랑할 수밖에 없는 미술관이다.

공간과 작품의
콜라보

디아 비컨

×

3 Beekman St, Beacon, New York, NY 12508
www.diaart.org

보통 뉴욕에 오는 지인들은 '미술관' 하면 메트로폴리탄 미술관이
나 현대미술관부터 간다. 세상에서 가장 유명한 작품들이 모여 있
으니 그럴 만도 하다. 그렇지만 미술관계자로 나서서 미술관 투어
를 할 때면 나는 꼭 사람들을 디아 비컨으로 데려간다.

디아 비컨은 오레오 쿠키로 유명한 과자 회사의 공장이 문을 닫
자 디아 예술 재단^{Dia Art Foundation}이라는 예술 단체에서 폐공장을 인
수해 비컨이라는 지역에 개관한 미술관이다. 아무래도 공장이었다
보니 뉴욕 중심부에 있지 않고 근교에 있다. 그래서 디아 비컨을 갈
때면 기차를 타곤 하는데 이 또한 이색적인 경험인지라 친구들이
좋아한다.

디아 비컨에 가기 위해서는 반나절에서 하루 정도는 비워두어야 한다. 그랜드 센트럴 역에서 기차를 타고 허드슨강의 아름다운 풍경을 즐기며 한 시간 정도 달리면 비컨 역에 도착한다. 비컨 역에서 5분 정도 걸어가면 완만하고 너른 언덕배기에 공장 같기도 하고 화물창고 같기도 한 커다란 적갈색 건물이 나타난다. 미술관 건물은 그것을 성벽처럼 둘러싼 키가 큰 나무와 어우러져 완벽한 대칭을 이룬다.

디아 비컨은 주로 1960년대 이후 현대미술 작품을 수집해 전시하고 있다. 공장이었던 터라 약간 삭막한 분위기가 있지만 7000평에 달하는 실내 공간은 가로막는 벽도 기둥도 없이 트여 있고, 전시실 각각의 전시 작품에 어울리게 구조화했다. 워낙 큰 작품들을 전시하기 때문에 전시실을 맞춤으로 짜지 않을 수 없는 노릇이다. 외관만 보면 그저 그런 공장 같은데 막상 들어가면 이런 널찍한 공간에서만 더욱 극적으로 표현할 수 있는 작품들이 가득하다. 확실히 밀집도 높은 뉴욕 한복판의 미술관들과 완전히 다른 매력이 작품과 공간에 가득 차 있다.

설치미술 조각가 리처드 세라^{Richard Serra}의 조각이나 댄 플래빈^{Dan Flavin}의 조형물, 앤디 워홀의 기념비적인 작품 「그림자」, 마이클 하이저^{Michael Heizer}의 「북, 동, 남, 서」 등의 작품을 볼 수 있다. 특히 앤디 워홀의 「그림자」는 모두 102점의 시리즈 작품으로 단연코 디아 재단 소장품 중 최고의 걸작이다. 이 시리즈는 작품 하나하나가 매우 크기 때문에 디아 비컨의 공간을 가장 잘 활용한 작품이기도 하다. 흔히 앤디 워홀을 강렬한 색감의 팝아트로 기억하는데, 이 작품은 추상적인 이미지로 빛과 위치에 따라 달라지는 색을 표현해 차분하면서도 잔잔한 분위기를 준다.

디아 비컨은 엄청난 규모 덕분에 좁은 공간에는 설치할 수 없는 작품을 관람할 수 있다는 점에서 특별한 곳이지만 그보다 더 특별했던 건 마치 아이들을 위한 놀이터 같았다는 점이다. 루이즈 부르주아Louise Bourgeois의「거미」의 다리 사이를 왔다 갔다 하며 온몸으로 작품을 즐기는 아이들, 존 체임벌린John Chamberlain의「아메리칸 바지」위에서 거대한 하얀 천의 모양새를 직접 만드는 아이들을 보며 미술은 꼭 딱딱하게 관람할 필요가 없다는 것, 미술이 가진 힘은 세대를 한정하지 않는다는 것을 새삼 느꼈다.

디아 비컨은 불과 10여 년 만에 세계적인 지명도를 확보했는데, 여기에는 디아 비컨만의 독특한 경영 전략도 한몫했다. 디아 재단에서는 후원할 작가를 먼저 선정하고, 이들의 작품을 집중적으로 구매한다. 미국 화단에서는 디아 재단이 후원하는 작가라는 사실 자체가 성공을 의미한다. 디아 재단의 후원을 받는다는 사실이 알려지면 다른 미술품 수집가들이 해당 작가를 가만 둘 리 없기 때문

이다. 디아 비컨은 그런 작가를 '찾고 만드는' 미술관, 즉 현대 작가의 인큐베이터라 할 수 있다. 뉴욕 근교에 위치한 미술관이 메트로폴리탄 미술관이나 현대미술관과 함께 뉴욕에 가면 꼭 가봐야 할 미술관의 명단에 오른 건 다 이런 차별화 전략 덕분이다.

미술관에서 나오면 거대한 정원이 관람객을 맞이한다. 영화 세트장을 연상시키는 엄청난 높이의 나무가 심긴 넓은 크기의 정원이 또 하나의 예술 작품처럼 보인다. 디아 비컨 역의 기차 소리가 배경음악처럼 들리는 나무 정원에서 인상 깊었던 작품을 다시금 되새기며 이야기를 나눠보면 '이곳 정말 좋다'는 소리가 여기저기서 들린다. 뉴욕에서 둘러본 미술관 중 가장 좋다고 꼽는 이들도 꽤 있다. 시각, 청각, 촉각 등의 감각이 모두 열려 즐거운 자극이 지속되어서 일까. 도심에서 볼 수 없는 자연의 매력과 폐공장에서만 볼 수 있는 거대한 조형미술의 세계를 온몸으로 느낄 수 있기에 이곳에서만 반나절 이상의 시간을 할애할 가치가 충분하다.

미국 미술의
자부심

휘트니 미술관

×

99 Gansevoort St, New York, NY 10014
www.whitney.org

휘트니 미술관은 여러모로 독특하다. 층층이 컨테이너를 쌓은 듯한 건물의 생김새도 그렇고, 오직 미국에서 활동하는 작가들의 미술만 취급하는 것 또한 그렇다. 조각상부터 시작해서 유럽 회화 작품까지, 보통 '미술' 하면 떠올리는 유구한 시간을 가진 고미술품을 다루지 않고서 어떻게 세계적인 미술관이 될 수 있을까 싶다. 그럼에도 이곳은 현대인들에게 잘 알려진 에드워드 호퍼나 앤디 워홀, 잭슨 폴록 같은 미국 화가들의 작품이 있어 미술 애호가들의 사랑을 잔뜩 받고 있다. 특히 한국 사람으로선 비디오아트의 선구자이자 세계적으로 이름을 날린 예술가 백남준의 작품이 많이 소장되어 있어 더 반갑게 느껴진다.

사실 휘트니 미술관은 그 건물만으로도 둘러볼 가치가 충분하다. 1931년 개관한 이후 여러 번 자리를 옮겼는데 2015년, 맨해튼 서남부의 하이라인 파크 입구에 건물을 지어 재개관했다. 신축 건물은 빛의 건축가라 불리는 렌초 피아노 Renzo Piano의 작품이다. 파리 퐁피두 미술관을 건축한 것으로도 유명한 그는 특유의 투명성과 개방성을 목표로 건물을 설계했다. 그는 전매특허인 '유리'로 건물을 뒤덮어 공간을 빛으로 가득 채웠는데 기존의 미술관이나 박물관이 가지고 있던, 어두운 공간에 스포트라이트를 비추어 작품을 보여주는 전형성을 뒤집었다. 게다가 작품이 걸리는 전시 공간은 미술관의 중앙에 두었지만 건물 전체를 수직으로 3등분해 저층부는 거리와, 중층부는 하이라인 파크와, 상층부는 테라스 공간과 접하도록 만들어 개방성을 높였다. 이외에도 보는 각도에 따라 달라지는 비대칭적인 외관은 뉴욕의 다양성을 상징하는 듯한데 마치 건물 자체가 하나의 현대미술의 조각 작품 같다.

설립 이야기도 빼놓을 수 없다. 휘트니 미술관을 설립한 이는 거트루드 밴더빌트 휘트니 Gertude Vanderbilt Whitney로 미국의 명문 재벌 중 하나인 밴더빌트 가문 출신이다. 그는 조각가로 활동하기도 했는데 미술계에 직접 발 담그면서 미술관 운영에도 관심을 가진 듯하다. 그는 1914년 맨해튼의 한 건물에 '휘트니 스튜디오 클럽'을 열어 젊은 미술가들에게 전시 기회를 주었는데 이 공간이 휘트니 미

술관의 전신이다. 원래 거트루드는 미술관을 열 생각이 없었다. 하지만 뉴욕 메트로폴리탄 미술관에서 거트루드의 현대미술 컬렉션을 거절하자 미술관 설립 쪽으로 선회하게 된 것이다. 이 어마어마한 현대미술의 보고가 메트로폴리탄 미술관에서 기증을 거부한 덕에 탄생했다고 하니 역사의 아이러니다.

내가 휘트니 미술관에서 가장 좋아하는 작품은 재스퍼 존스^{Jasper Johns}의 「세 개의 깃발」이다. 재스퍼 존스는 생존하는 가장 부유한 화가 중 한 명으로 「세 개의 깃발」은 1980년 휘트니 미술관에 100만 달러에 팔리며 화제가 되기도 했다. 「세 개의 깃발」은 세 개의 성조기를 그린 캔버스 세 개를 겹친 그림으로 그림보다는 조각에 가까울 정도로 질감이 뛰어나다. 이미 하나의 이미지이자 상징인 국기를 그린 것이 엄청난 가치의 예술로 인정받는 것을 보면서 현대미술의 확장성은 어디까지일까 생각하게 만드는 작품이라 더욱 애착이 간다.

휘트니 미술관은 "심사위원도 없고, 상도 없다^{no juries, no prizes}"라는 구호로 휘트니 비엔날레를 개최하고 있기도 한데, 구호만큼이나 거침없는 화가 및 작품 선정으로 유명하다. 마크 로스코, 조지아 오키프, 앤디 워홀, 에드워드 호퍼, 로이 리히텐슈타인, 잭슨 폴록 등은 지금은 이름만 들어도 대표 작품이 떠오르는 현대미술가들이다. 그렇지만 당대에는 신진 작가였던 그들의 작품을 적극 수집하고 후원한 거트루드 밴더빌트 휘트니의 미술에 대한 순수한 열망 덕에 후대의 우리는 값진 작품을 한자리에서 볼 수 있게 되었다. 휘트니 비엔날레는 실험적이면서 파격적인 작품을 보여주는 한편 작가를 선정할 때 국적이나 인종이 제한적이라는 비판도 있지만 현대 예술의 범위를 넓히고 창작력에 제한을 두지 않으며 신진 작가를 발굴한다는 의미에서 특별하게 자리매김하고 있다.

휘트니 미술관은 유명 작가의 걸작이 많은 덕분에 보고 느낄 것이 차고 넘치는 곳이다. 그렇지만 이곳에 방문한다면 꼭 미술관 옥상에 올라가 보라 말하고 싶다. 하이라인 파크와 허드슨강, 길거리가 파노라마처럼 펼쳐진다. 석양이 예쁘기로도 유명한데 빨간색으로 물든 미술관 옥상의 풍경은 그 자체로 하나의 작품을 보는 것 같다. 현대미술을 연상케 하는 독특한 형태의 건물도, 소장한 미술품도, 개최하는 비엔날레까지 여러모로 자신만의 개성을 뚜렷이 나타내는 휘트니 미술관의 매력이 사람들에게 더욱더 널리 알려졌으면 하는 바람이다. 그런 만큼 곳곳에서 영감을 발견하는 즐거움을 누릴 수 있을 것이다.

뉴욕의 메디치가
지켜낸 예술

구겐하임 미술관

×

1071 5th Ave, New York, NY 10128
www.guggenheim.org

뉴욕 구겐하임 미술관의 설립 배경을 이야기하려면 타이타닉 침몰 사건부터 시작해야 한다. 광산 재벌이었던 벤저민 구겐하임[Benjamin Guggenheim]은 1912년 4월 15일 타이타닉 침몰과 함께 죽음을 맞이했고 그의 딸 페기 구겐하임[Peggy Guggenheim]이 막대한 유산을 상속받았다. 페기 구겐하임은 세계의 미술품들을 모아들이는 컬렉터이자 유명한 미술가들을 후원하고 미술가 지망생들을 육성하는 후원자이기도 했다. 벤저민의 형이자 페기의 삼촌인 솔로몬 R. 구겐하임[Solomon R. Guggenheim]은 페기 구겐하임이 모아온 미술품을 전시할 미술관을 건립했고 그것이 바로 구겐하임 미술관이다.

구겐하임 미술관은 1937년에 개관한 뉴욕의 본관 외에 이탈리아 베네치아, 스페인 빌바오에 분관을 두고 있다. 뉴욕 구겐하임 미술관은 20세기 근대 건축의 거장이라 불리는 프랭크 로이드 라이트 Frank Lloyd Wright의 작품으로 무려 15년간의 공사 끝에 완공되었다. 달팽이꼴 외관도 독특하지만 거대한 나선형 계단으로 이루어진 내부는 자연광과 어우러져 시간이 지나도 여전히 그 건축학적 아름다움을 보여준다. 엘리베이터를 타고 꼭대기로 올라가 경사로를 내려오면서 작품을 둘러볼 수 있게 만든 동선은 미술에 집중하기에 가장 걸맞은 구조가 아닐까 싶다.

구겐하임 미술관에서는 컬렉션의 기반을 마련해 준 칸딘스키, 몬드리안의 작품과 함께 세잔과 샤갈, 고흐, 피카소의 작품을 관람할 수 있다. 특히 칸딘스키의 그림을 전 세계에서 가장 많이 소장한 곳으로 유명한데, 러시아 출신의 추상화가 바실리 칸딘스키는 회화가 음악을 닮아야 한다고 말했다. 그래서인지 그의 그림을 보면 리듬감이 떠오른다. 이 미술관이 소장하고 있는 「구성 8」은 마치 오케스트라의 음악을 캔버스 위에 표현해 놓은 듯 선과 색채와 면으로 음률을 드러내는데 곡선 가득한, 나선형 구조의 구겐하임 미술관과 잘 어울린다.

칸딘스키도 좋고 몬드리안도 좋지만 나에게 구겐하임 미술관은 영화 〈5 to 7〉(2015)으로 기억된다. 뉴욕 남자 브라이언(안톤 옐친)

과 파리 여자 아리엘(베레니스 말로에)이 오후 5시에서 7시까지 뉴욕 곳곳을 다니며 사랑을 키워가는 로맨스물이다. 영화의 한 장면에서 남녀 주인공은 구겐하임 미술관에서 호퍼의 그림을 함께 보고 있다. 「긴 다리」를 보며 잔잔한 바다를 항해하는 배에서 평온함과 고독함을 동시에 느낀다. 나 또한 그 작품을 봤을 때 시선을 빼앗긴 채 그 앞에 오래 머물며 비슷한 감정을 느꼈다. 한 작품에서 평온함과 고독함을 동시에 느낀 것은 뉴욕의 화려하고 활기찬 빛 같은 시간과 쓸쓸하고 고립된 어둠 같은 시간을 동시에 살아가는 중이었기 때문이었을 거다. 뉴욕에 산 지 5년쯤 됐을 무렵이었다.

뉴욕에서 태어난 에드워드 호퍼의 그림은 화려한 뉴욕의 차가운 뒷면을 보여준다. 외롭고 쓸쓸하고 가끔은 숨이 막힐 정도로 고독한 모습이 작품에 담긴다. 그렇기에 더욱 뉴욕스러운 작품인 듯도 하다. 참고로 「긴 다리」는 헌팅턴 미술관으로 옮겨져 더 이상 구겐하임 미술관에서는 볼 수 없지만 배경으로 삼은 자체만으로 구겐하임 미술관은 나에겐 또 다른 호퍼 작품의 전시 공간으로 기억된다.

여담으로 구겐하임 박물관의 시작이 된 페기 구겐하임은 잭슨 폴록과의 우정으로도 유명하다. 페기 구겐하임은 잭슨 폴록의 전시회를 열어주는 등 그가 명성을 얻는 데 가장 중요한 역할을 했다. 페기 구겐하임의 꾸준한 후원으로 캔버스 위에 물감을 뿌려놓은 듯한 잭슨 폴록의 미술 세계가 완성되었다고 해도 과언이 아니다.

페기 구겐하임은 현대미술 작품을 끊임없이 사들였다. 제2차 세계대전 때는 급히 시장에 나온 작품들을 하루에 한 점씩 구입하기도 했다. 페기는 많은 미술품을 산 이유에 대해 이렇게 말했다. "누군가는 한 시대의 미술을 보호해야 한다고 생각했다." 마치 르네상스 시대를 열었던 메디치 가문이 떠오르는 말이다. 메디치 가문에서도 예술 후원에 가장 적극적이던 코시모 데 메디치^{Cosimo de' Medici}는 이런 말을 남겼다. "메디치 가문의 영광이 사라지는 데는 50년도 채 걸리지 않을 것이다. 하지만 사람은 가도 예술은 남는다." 예술의 뒤에는 늘 이들처럼 예술을 떠받쳐 주던 사람들이 있었다. 그리고 메디치의 예상과 달리, 예술도 남고 사람도 남았다. 메디치와 구겐하임이라는 이름 모두 오늘날까지 명작들과 함께 이토록 빛나고 있는 게 그 증거다.

아메리칸 드림을 이룬
자본가의 미술 사랑

프릭 컬렉션

×

1 E 70th St, New York, NY 10021
www.frick.org

사람들은 뉴욕을 유럽의 도시와 비교해 역사가 짧은 도시라 말하지만 그 짧은 시간 안에 수많은 사건과 사람이 빠른 속도로 지나가며 다른 도시 못지않게 많은 이야기를 담고 있다. 식민지 시대의 고난, 무역 중심지로서의 발전, 경제 대공황의 타격, '아메리칸 드림'의 상징 등 책 한 권으로도 말하기 부족한, 역사와 시간이 빼곡히 흐르는 도시가 바로 뉴욕이다.

맨해튼의 대저택에 자리 잡고 있는 프릭 컬렉션 또한 많은 이야기를 담고 있는 곳이다. 고풍스러운 건물에 들어서면 흔히 예상하는 경비원 제복이 아닌, 사복 정장을 차려입은 경비원들이 관람객을 맞이한다. 딱딱하다고 느낄 사람도 있을 듯한데 이상하게 나는 격식 있는 대부호의 집에 초대받은 것 같이 느껴졌다.

프릭 컬렉션은 철강 사업으로 큰돈을 벌었던 헨리 클레이 프릭Henry Clay Frick의 수집품을 토대로 세운 미술관이다. 집이라고 생각하면 크지만 미술관이라 생각하면 작은 편에 속한다. 그렇지만 독보적인 수준의 컬렉션을 자랑해서 방문객들의 만족도가 높다. 비교할 수 없이 저마다 매력이 뚜렷하지만 메트로폴리탄 미술관이 할 수 있는 한 모든 예술 작품을 모아놓은 느낌이라면 프릭 컬렉션은 예술 작품 중 가장 아름답다고 느낀 작품들만 한 점 한 점 선별해놓은 듯하다.

주로 9세기부터 19세기까지의 미술 작품 1500점 이상을 보유하고 있으며 그중 가장 유명한 작품은 많은 이들의 사랑을 받는 요하네스 페르메이르의 작품이다. 페르메이르의 작품은 화가의 고국인 네덜란드보다 미국에 더 많은 작품이 있다. 페르메이르의 작품은 총 35점으로 추정되는데 그중 열세 점이 미국에 있다. 프릭 컬렉션에서도 세 작품을 보유하고 있으며 헨리 클레이 프릭이 직접 구입한 「장교와 웃고 있는 소녀」 「여인과 하녀」 「연주를 중단한 소녀」가 그것이다. 작품 전체에 흐르는 따뜻한 색감, 단조로운 듯하지만 편안한 일상을 그린 페르메이르의 그림을 보고 있노라면 이 도시에 담긴 거친 시간은 모두 지나가고 고즈넉하면서 따뜻한 시간만이 전달되는 듯하다. 특히 「연주를 중단한 소녀」는 페르메

이르만의 독특한 구도와 분위기가 그대로 드러나는 작품이다. 왼쪽에 난 창문을 통해 실내로 따뜻한 빛이 들어오며 작은 테이블 위에는 악보와 소품이 섬세하게 놓여 있다. 악보를 잡은 남자와 관객을 바라보는 여자는 표정이 풍부하고 무언가 이야기를 담고 있는 듯하다. 페르메이르 작품의 따뜻한 색감과 질감이 고스란히 느껴진다.

이런 품격 있는 미술관을 보고 있노라면 컬렉터의 높은 안목과 취향에 대한 감탄과 더불어 그가 부유하고 유서 깊은 가문 출신이라 이런 부를 거머쥘 수 있었다고 생각하기 쉽다. 하지만 프릭은 노동자 가정 출신에 몸이 약해서 공교육을 받은 것은 30개월이 전부였으며 어른이 되기까지 미술 작품을 제대로 볼 기회도 없었다고 한다. 그런 그가 철강 산업에 뛰어들어 30세에 억만장자가 되자마자 열정적으로 예술품을 사 모았다. 프릭은 당시 가장 부유했던 컬렉터들과 경쟁이라도 하듯 작품 수집에 빠졌다고 하는데, 어떤 결핍 혹은 욕망이 그를 수집가의 길로 이끈 것인지 속내가 궁금해진다.

프릭의 수집욕에 관해 '세상이 프릭을 필요로 했다'는 전설 같은 이야기가 있다. 1912년 프릭은 타이타닉호에 탈 예정이었다. 그런데 아내가 발목을 삐끗하면서 아쉽게 여행을 취소했고, 덕분에 프릭은 살아남아 남은 생에 수집가로서 좀 더 활발히 미술 작품을 모

을 수 있었다. 1913년, 프릭에 버금가는 컬렉터였던 J. P. 모건이 사망하면서 그의 수집품들이 경매시장에 나왔는데 그때 그중 가장 훌륭한 작품들만 프릭이 사들였고 스스로 "만족스러운 목록을 만들었다"며 뿌듯해했다고 한다. 하늘이 돕고, 모건의 죽음까지 한몫한 프릭 컬렉션은 1919년 프릭이 죽은 이후 그의 딸 헬렌 클레이 프릭^{Helen Clay Frick}이 1935년 대중에 공개했다.

지금도 계속해서 작품을 수집하고 있다고 하는데, 2020년 프릭 컬렉션은 창립 85주년을 맞아 대대적인 리뉴얼에 들어갔다. 코로나19가 기승을 부리는 시간을 이용해 일시 폐쇄한 것인데 엔데믹이 선언된 이후인 2024년에도 공사가 진행 중이다. 다행히 문을 닫은 본관 외에 매디슨 애비뉴에 임시 전시관이 있어서 그곳에서나마 프릭 컬렉션의 작품을 볼 수 있다.

헨리 클레이 프릭은 꽤 거친 삶을 살았다고 한다. 일찍이 부를 쌓았지만 그 과정에서 죽을 뻔한 위기도 넘겼다. 프릭이 공장장을 겸하던 시절, 공장에서 노조가 파업을 일으키자 300명의 경비원을 동원해 강압적인 방식으로 상황을 무마하려다가 암살자에게 총알을 맞은 것이다. 기업인으로서 그는 피도 눈물도 없는 경영자로 악명이 높았다. 그렇지만 의외로 프릭 컬렉션의 작품들은 대부분 '보기 편안한 작품'이라는 평이다. 화려한 역사화나 파격적인 기법의 작품보다는 초상화나 풍경화가 대부분이라 눈뿐만 아니라 마음까지 편안해진다고들 한다. 수집가 자신의 녹록지 않은 삶이, 냉정한 자본가로서의 삶이 예술에서만큼은 따뜻함을 찾았으리라 생각된 다. 시간이 훌쩍 지나 그의 딸까지 세상을 떠난 지금, 프릭 컬렉션 은 모든 사연을 뒤로하고 예술의 영원한 아름다움만 남겨줬을 뿐 이다.

세계에서 가장
활발한 미술시장

뉴욕의 아트페어

뉴욕은 미술관의 도시이기도 하지만, 아트페어의 도시이기도 하다. 세계적인 아트페어 아모리 쇼가 시작된 곳이기도 하고, 유럽에서 시작된 프리즈 아트페어나 테파프 아트페어가 자리 잡은 곳이기 때문이다. 미술관을 방문하면 시간을 모아놓은 듯한 느낌이 든다. 고전주의, 인상주의, 초현실주의 등 이미 하나의 사조로 자리 잡은 각 시대의 미술을 보여주기 때문이다. 물론 뉴욕에는 현대미술을 보여주는 미술관도 있지만, 미술관이라는 장소의 특성상 미술관의 성격과 맞는 전 세계적으로 유명한 작품을 오래 전시한다. 언제 찾아도 그 자리를 지키고 있는 작품을 볼 수 있다는 게 미술관의 미덕이기도 하다.

반면 아트페어는 미술관과 달리 생동감이 넘친다. 말 그대로 아트페어는 갤러리들이 모여 각각 부스를 마련하고 그림을 사고파는 시장이다. 갤러리에서는 자신들의 대표 작가의 그림을 내놓거나 전망이 있다고 생각하는 작가의 그림을 내놓는다. 갤러리들끼리 서로 그림을 사기도 하니 그만큼 자유롭고 활기찬 분위기를 느낄 수 있다.

아트페어는 특히 지금 미술계 트렌드가 어떤지 가장 빠르게 알 수 있는 기회이기도 하다. 요즘 활발하게 활동하는 작가들은 어떤 재료로, 어떤 기법으로 그림 그리는지 알 수 있고, 크게 보면 사조가 어떻게 만들어지는지도 조금씩 눈에 보인다. 갤러리 작가가 뮤지엄 작가로 성장해 가는 과정을 볼 수 있는 것도 흥미롭다.

뉴욕을 대표하는 아트페어는 뉴욕에서 시작된 아모리 쇼, 영국에서 시작되었지만 뉴욕만의 개성을 담은 프리즈 뉴욕, 네덜란드에서 시작된 아트페어로 고전미술의 깊이를 보여주는 테파프 등이 있다. 2023년 프리즈가 아모리 쇼를 인수해 화제가 되기도 했는데 앞으로 프리즈의 아모리 쇼가 어떻게 차별점을 보여줄지 앞으로 관심 있게 봐야 할 점이다.

뉴욕의 아트페어는 보통 5월부터 시작되며 매달 아트페어가 있을 정도로 종류도 규모도 다양하다. 아트페어에 가면 종종 보물 같은 작품을 발견할 수도 있고, 새로운 미술 취향을 찾을 수도 있다.

미술에 조금이라도 관심이 있다면 아트페어는 뉴욕의 미술시장은 어떤 모습으로 진화하고 있는지, 뉴욕의 미술은 어느 방향을 향해 가고 있는지를 발견할 수 있는 즐거운 시간이 된다.

—

아모리 쇼 Armory Show

뉴욕에서 시작한 아트페어이자 1913년 처음 열린 세계 최초의 아트페어로 인정받고 있다. 아모리 쇼는 아트페어가 열리는 장소부터 뉴욕의 상징적인 의미를 담고 있다. 허드슨 강변 근처 군용 기지에서 열려서 무기고라는 뜻의 '아모리 Armory'라는 이름이 붙었는데 무기고라는 미술과 다소 동떨어진 듯한 공간에서 많은 작품을 선보이는 것으로도 유명하다. 아모리 쇼를 시작으로 아트페어가 활성화되면서 미술시장의 흐름이 달라졌다고까지 말하니 얼마나 의미가 큰지 알 수 있다.

1900년대 초반만 하더라도 예술가들은 유럽에서, 예술의 도시 파리에서 활동하는 것을 당연하게 여겼다. 문화의 중심지로서 예술적 분위기가 넘쳐 흘렀고, 예술시장이 가장 활발하게 열리는 곳이 파리였기 때문이었는데, 전 세계 화가들이 몰리다 보니 모든 화가의 작품을 전시하기가 어려웠다. 결국 파리의 예술 시장에서 배제된 이들이 새롭게 전시할 곳을 찾아다니며 그들끼리 따로 전시

회를 열기도 했는데 그중 하나가 아모리 쇼의 시초가 되었다. 당시만 해도 새로운 활로를 모색해 만들었다지만 폴 고갱, 파블로 피카소, 바실리 칸딘스키, 마르셀 뒤샹 등 아모리 쇼에 참가한 화가들은 미술사를 이야기할 때 빼놓을 수 없는 화가들이 되었다. 이런 걸출한 화가들의 이름과 함께 역사가 만들어지며 아모리 쇼는 날이 갈수록 전통을 쌓고 신뢰를 더하고 있다. 지금 아모리 쇼에 참여하는 작가 중에도 미래의 파블로 피카소가 있지 않을까 상상해 보게 되는 이유다.

아모리 쇼는 자유로운 분위기의 아트페어다. 신진 작가를 소개하는 자리도 많고 실험적인 작품도 많이 소개된다. 여기서는 작가와 관람객, 미술 컬렉터와 갤러리가 자유로이 만날 수 있다. 이러한 자리는 미술시장을 확장시키고 미술계를 숨 쉬게 만들어준다. 뉴욕에서 현대미술이 발전할 수 있었던 것은 아트페어 같은 새로운 시도와 미술에 장벽이 없는 뉴요커들의 마음가짐 덕분이 아니었을까 싶다.

—

프리즈 뉴욕 Frieze New York

프리즈는 영국의 현대미술 잡지《프리즈》에서 주최하는 아트페어다. 2003년 런던에서 시작해 뉴욕, 로스앤젤레스에서 열리고 있다.

뉴욕에는 2012년 상륙했는데 아트페어가 개최되는 독특한 장소 덕분에도 인기가 많았다. 팬데믹 전까지 맨해튼 동쪽에 위치한 작은 섬, 랜달스 아일랜드 파크에서 열렸는데 여행하듯 20분 정도 페리를 타고 도착하면 프리즈를 상징하는 거대한 하얀 천막들이 보였다. 오가는 수고가 들긴 하지만 그만큼 참가자들에게 색다른 느낌을 주어 인기를 끌었다. 2022년부터는 최근 맨해튼에서 가장 핫한 지역인 허드슨 야드에 개관한 복합문화 공간으로 자리를 옮겨 개최하고 있다.

프리즈 뉴욕의 가장 큰 특징 중 하나는 생긴 지 10년이 안 되는 젊은 갤러리를 위한 '프레임^{Frame}' 섹션과 가고시안 갤러리, 페이스 갤러리 등 최정상 갤러리를 위한 '메인^{Main}' 섹션으로 공간이 나뉘어 있는 것이다. 방문해 보면 확실히 각 섹션마다 다른 인상을 받을 수 있다. 프레임 섹션에서는 그동안 상상하거나 어디서 보지 못한 파격적인 작품을 볼 수 있어 신선하다. 호기심을 일으키는 신진 작가의 작품들이 많다. 반면 메인 섹션은 스타 작가의 인기 작품이 많은데 의외성은 없지만 유명 예술가의 그림을 찾는 데서 기대할 수 있는 바를 충족시킨다.

프리즈 아트페어는 2022년 서울에도 상륙했다. 런던에서 시작해 뉴욕, 로스앤젤레스의 뒤를 이어 프리즈가 선택한 곳이 서울이라는 점에 세계 미술계가 깜짝 놀랐다. 많은 사람이 이탈리아의 밀라노나 아시아라면 도쿄 혹은 홍콩을 예상했는데 그 예상이 완벽히 빗나갔기 때문이다. 그만큼 한국 미술의 위상이 세계적으로 높아지고, 또 한국의 미술 구매력이 커졌다는 방증이라 의미가 깊다. 이젠 뉴욕에 가지 않아도 프리즈를 즐길 수 있으니, 큐레이터이자 미술계 종사자인 나로서는 좀 더 많은 사람들이 관심을 가졌으면 하는 바람이다.

—

테파프 뉴욕TEFAF New York

테파프는 '유러피안 파인 아트페어The European Fine Art Fair'를 가리키며 1988년 네덜란드 마스트리흐트Maastricht에서 시작된 아트페어다. 현존하는 아트페어 중 가장 비싼 아트페어이기도 하다. 아모리 쇼나 프리즈에 비해 테파프는 고미술과 근대미술 작품에 집중하고 있기 때문에 상대적으로 값나가는 마스터피스들이 전시된다.

피카소, 고흐 등 미술관에서 볼 법한 대가의 작품은 물론이고, 로마 시대의 조각품이나 고대 이집트의 도자기가 등장해 테파프의 저력을 확인시키기도 했다. 루브르 박물관, 프라도 박물관, 프릭 컬렉션의 대표가 테파프를 방문해 화제가 되기도 했는데, 테파프에서 소개하는 작품의 면면을 보면 고개가 끄덕여질 수밖에 없다.

테파프 뉴욕은 네덜란드의 테파프 마스트리흐트와는 조금 다른 풍경이다. 뉴욕이 좀 더 감각적이며 현대적인 분위기를 담고 있다.

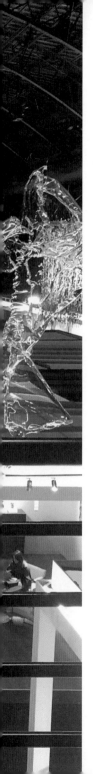

테파프 뉴욕은 140여 년의 역사를 간직한 뉴욕 맨해튼 파크 애비뉴 아모리 건물에서 아트페어를 개최하는데, 고전적인 건물 속 웅장한 샹들리에가 달려 있고 두꺼운 카펫이 깔린 실내 분위기가 무척 인상적이다.

최근에는 한국의 작가들도 아트페어에 꾸준히 참여하고 있다. 가나아트 갤러리를 통해 이응노 작가, 박대성 작가 등의 작품이 소개되기도 했는데 한국 화가에 대한 관심이 높아지면서 컬렉터들의 걸음 또한 바빠지는 걸 볼 수 있었다. 2019년 테파프 뉴욕 행사장에서 박서보 작가의 단색화 앞에 오랫동안 멈춰서 있던 한 외국인은 "화려하고 현란한 작품들을 보다가 이런 차분한 작품을 보니 눈도 마음도 편안해진다"라고 말했다. 이국에서 주목받는 한국 미술 작품을 보고 있노라면 자부심이 생기는 건 어쩔 수 없다. 앞으로도 테파프에서 더욱더 많은 한국 미술 작품을 볼 수 있길 기대한다.

자본주의의
정점에 서다

뉴욕의 옥션

옥션, 즉 경매란 단어를 사전에서 찾아보면 '사겠다는 사람이 여럿일 때 값을 제일 많이 부르는 사람에게 파는 제도'라고 한다. 그렇기에 경쟁자끼리 서로가 부르는 가격을 알 수 있어 계속 가격이 올라가고, 원래 책정된 가격보다 훨씬 높은 가격이 매겨질 수도 있다. 부동산, 패션 산업 등에서 다양하게 경매가 진행되지만 우리가 소식을 자주 듣는 건 미술품 경매가 아닐까 싶다. "2023년 5월 뉴하우스 경매에서 앙리 루소의 1910년 작 「플라멩코」가 4353만 달러(약 578억 원)에 낙찰" "2023년 소더비 경매에서 르네 마그리트의 1951년 작 「빛의 제국」 4227만 달러(약 561억 원)에 낙찰" 등 거래액이 억대에 달하는 놀라운 기사를 종종 볼 수 있기 때문이다.

미술계의 대표적인 옥션인 소더비와 크리스티의 경매 시기가 다가오면 시작 전부터 프리뷰 행사를 통해 어떤 작품이 나오는지 공유되고 그 작품을 기다리는 사람들, 작품이 궁금한 사람들이 모여 경매가 시작된다. 유명 미술관에서 볼법한 수준의 작품이라도 걸리면 작품에 대한 궁금증에 더해 도대체 어떤 사람이 저렇게 비싼 작품을 구입하는지 궁금해지고, 그 작품을 어떻게 관리하고 소장할 것인지까지도 관심이 생긴다.

옥션에 참여하게 되면 미리 참가비를 내고 숫자판을 받는다. 프리뷰 행사에 초대받는다면 어떤 작품이 나올지 미리 볼 수 있는 데다 운이 좋으면 미술 작품에 관심이 많은 유명 인사를 보기도 한다. 우디 앨런과 순이 앨런 부부는 자주 참가하는 컬렉터이며 리어나도 디캐프리오도 종종 참가한다. 한국과는 규모도, 액수도, 속도감도 달라 미국의 옥션은 늘 긴장되는 한편 짜릿하다. 몇 시간도 되지 않아 수십에서, 많게는 수백 점의 작품이 팔리는 현장을 직접 목격하기 때문이다.

옥션은 그야말로 미술이 자본주의의 끝임을 보여주는 현장이다. 미술 작품은 예술이라는 범주 안에 들어가 있지만 자본주의하에서는 가격으로 그 가치가 매겨질 수밖에 없고 옥션이 들썩거릴 정도의 가격으로 작품이 낙찰되면 예술가는 새롭게 각광받는다. 하지만 유찰된 작품은 몇 년 동안 출품하기가 어려워지고 시장성이 점점 떨어진다. 한 화가의 작품이 자주 유찰되면 안타깝게도 그 화가의 가치까지 떨어지기 때문에 생존한 화가에게는 옥션이 미술 시장에서 인정받느냐 아니냐 심판의 장이 되기도 한다.

뉴욕의 옥션은 옥션 중에서도 그야말로 최정예 작품들을 두고 고수들이 노는 세계다. 전 세계에서 가장 비싼 그림은 뉴욕의 옥션을 거칠 수밖에 없다. 옥션 자체는 유럽에서 시작됐지만 지금 현재 가장 활발하게 경매가 이뤄지는 곳은 바로 뉴욕이다.

—

크리스티 옥션 Christie's Auction

크리스티는 그 유명세만큼이나 역사적인 곳이다. 1766년 영국에서 처음 시작되었으며 지금도 꾸준하게 경매 금액을 갱신하며 최고의 옥션으로 자리매김하고 있다. 런던, 뉴욕, 파리, 제네바, 밀라노, 상하이 등 46개국에 사무실이 있는데 가장 유명한 곳은 역시 런던과 뉴욕이다. 특히 뉴욕의 크리스티 경매장은 NBC 방송국 앞, 뉴욕의 중심이라 할 수 있는 록펠러 센터 근처에 있어서 지나가는 여행자도 바로 발견할 수 있다.

2019년 뉴욕 크리스티 경매에 참가했다. 그날의 주인공은 미국의 현대미술가 제프 쿤스Jeff Koons의 조형 작품 「토끼」였다. 풍선처럼 공기를 채워넣은 듯한 부풀어 오른 모양의 토끼가 손에 당근

을 들고 있었다. 이 작품은 나오자마자 경쟁이 치열했는데 누군가 9157만 달러(약 1085억 원)에 낙찰받았고, 경매장 곳곳에서 감탄과 탄식의 목소리가 튀어나왔다. 이날로 제프 쿤스는 '살아 있는 가장 비싼 작가'로 세계에 이름을 날렸다. 사실 나는 제프 쿤스의 작품을 살 생각은커녕, 엄두도 못낼 입장이었지만 제삼자로서 호가가 계속 올라가는 광경을 보는 건 흥미로웠다. 가격이 하늘 높은 줄 모르고 치솟을수록 내 손에도 땀이 났다. '이런 게 바로 옥션 행사의 짜릿함이지' 하는 생각과 동시에 이런 역사적인 순간에 함께하고 있다는 사실이 황홀했다.

경매 본 행사에 참여하기 위해서는 초대권이 있어야 하지만 프리뷰는 일반인도 관람할 수 있다. 생각보다 캐주얼한 분위기라 시간이 된다면 참가해 보는 것도 좋은 경험이 될 것이다. 경매를 위한 프리뷰라고 하지만 마치 미술관에 온 듯 신경 써서 작품을 배치해 미술관처럼 한 점 한 점 작품을 감상하기에 좋기 때문이다. 해마다 경매에 나오는 작품이 달라지니 프리뷰 때마다 다른 작품을 볼 수 있다는 점도 미술 애호가들에게 흥미로운 점이다.

—

소더비 옥션 Sotheby's Auction

소더비는 1744년 런던에서 설립되었고 지금은 뉴욕에 본사를 둔 옥션으로 크리스티와 함께 세계 최고의 옥션 자리를 다투고 있다. 전 세계 40개국에 80개의 사무실이 있으며 미술 작품 뿐만 아니라 도서나 시계 등 다양한 카테고리의 작품을 경매로 판매한다.

2018년 뉴욕의 소더비에서 얼굴 없는 화가이자 파격적인 행보로 유명한 뱅크시의 작품「풍선을 든 소녀」가 등장했다. 140만 달러(약 19억 원)에 작품이 낙찰되었는데 낙찰되자마자 드르륵 하고 작품이 내려오면서 그림 절반 정도가 세로로 파쇄되어 버렸다. 이 소식이 한동안 미술계가 들썩였다. 반이 파쇄된 그 상태 그대로「풍선을 든 소녀」는 3년 뒤 소더비 런던에서 다시 경매에 나왔고 2540만 달러(약 349억 원)의 경매가를 기록하며 화제가 되기도 했다.

맨해튼에 위치한 뉴욕의 소더비 또한 크리스티와 마찬가지로 일반인들에게 프리뷰 행사를 개방한다. 규모가 무척 큰 편이기 때문에 시간을 넉넉히 두고 관람하는 것이 좋으며 관람이 끝난 후에는 1층에 있는 카탈로그 데스크와 와인 숍도 구경해 볼 만하다.

사실 이런 경험은 미술을 전문으로 하는 사람이 아니라면 접근하기 쉽지 않다. 하지만 꾸준하게 관심을 가지면 언젠가는 엄청난 가격이 아니라도 자신에게 찰떡같이 어울리는 그림을 만나게 될 수도 있다. 저렴한 그림이면 어떠한가. 그림을 보고 품을 수 있는 마음만은 가격과 상관이 없으니 말이다. 세계적으로 한국 미술이

American Mosaic

A SELLING EXHIBITION | 16 FEBRUARY – 26 APRIL

Reception

Floor 2 · 3 · 4
Galleries

Floor 1 Galleries

Coat Check
Sotheby's Wine

All bags must
be inspected
upon entry

저변을 넓히고 있는 만큼 머지않은 미래에 우리나라에서도 미술 경매시장이 활성화될 것이다. 관심이 있다면 뉴욕의 경매에 참가해 경험을 쌓고 공부해 보라 권하고 싶다.

전 세계 미술의 미래를 보다

뉴욕의 갤러리

예술의 도시답게 뉴욕은 미술을 만날 수 있는 장소가 많다. 현대미술관이나 메트로폴리탄 미술관 같은 미술관을 비롯하여 프리즈나 테파프 같은 아트페어도 있고, 갤러리들이 모여 있는 거리도 있다. 미술관은 나라에서 구입한 미술 작품이나 유명한 컬렉터들이 기증한 미술 작품 위주로 오랜 역사와 높은 가치를 자랑하는 작품을 보여준다. 아트페어의 경우, 프리즈나 테파프 같은 큰 행사는 보통 매해 5월에 열리지만 워낙 다양한 규모의 아트페어가 있어 1년 내내 열린다고 해도 무방하다. 그리고 뉴욕 곳곳에 있는 수많은 개성 있는 갤러리는 뉴욕을 더욱더 현대적이며 미술 친화적인 도시로 만든다.

사전적 의미의 갤러리는 화가가 작업하는 공간을 뜻한다. 그러나 현대에 들어서 갤러리는 소규모 뮤지엄의 의미를 가지게 되었다. 지금은 화가가 작업하는 공간은 '아틀리에'로, 그 작품을 살 수 있는 공간은 '갤러리'로 생각해도 무방하다. 뉴욕은 원래 소호에 갤러리가 많았는데 젠트리피케이션으로 많은 갤러리가 첼시 지역으로 자리를 옮겼다. 지금은 크고 작은 갤러리 300여 개가 여섯 블록 정도의 첼시 지역 거리를 채우고 있다. 갤러리가 빼곡한 거리답게 건물 외벽이나 간판에 벽화들이 가득하다.

특히 갤러리는 현대미술을 공부하기에 더없이 좋은 곳이다. 갤러리에 들어서면 현재 전시하고 있는 작품과 함께 작가의 이력이 잘 정리되어 있다. 갤러리에서 선정한 그림을 보며 그 작가의 대표작과 지금 인정받고 있는 작품도 알 수 있다. 갤러리는 작가와 협업해 그림을 대중에게 보여주고 작가는 자기 작품의 가치를 올리는 것이다. 그 과정에서 갤러리 작가가 뮤지엄 작가로 성장해 가는 모습을 보는 것도 흥미롭다. 지금은 꽤 유명해진 시카고 출신의 뉴욕활동 화가인 시몬 리Simon Leigh의 작품을 처음 본 것은 조그마한 갤러리였다. '재미있고 독특한 작가네'라고 생각했는데 시간이 흐르면서 그의 작품을 하이라인 파크의 공공미술 작품으로 만나고 마침내 비엔날레와 뮤지엄 전시에서 만나면서 그의 성장에 내가 괜히 뿌듯해지기도 했다. 2024년 뉴욕의 또 어떤 갤러리에 이런 화가들의 작품이 숨어 있을까.

뉴욕에 있는 동안 2년간 첼시의 갤러리에서 일한 적이 있다. 지금은 없어졌지만 그 갤러리가 문을 열던 2016년만 하더라도 한국 미술이 상대적으로 덜 알려진 때였다. 당시 뉴욕에서 마음 맞는 한인들이 모여 한국 작가를 소개하는 갤러리를 만들었고 나는 그곳에서 작가를 선정하고 작품을 큐레이팅했다. 갤러리에 들어오는 사람들에게 한국 미술 작품을 소개하면서 사명감 같은 것도 느꼈던 것 같다.

첼시에서 일하는 동안 이렇게 갤러리들이 몇백 개나 있는 뉴욕이란 도시가 새삼 대단하다고 생각했다. 쉽게 그림을 접할 수 있는 갤러리 문화를 가진 뉴요커들이 부럽기도 했다. 뉴요커들은 그냥 거리를 걷다가도 쇼윈도에 걸린 그림을 보고 스스럼없이 갤러리에 들어가 그림에 대해 물어보고 감상한다. 말 그대로 도시 곳곳에 미술이 녹아 있는 현장을 매일 목격했다. 그림이, 예술이 한국인들에게도 좀 더 밀접하게 다가오는 그날을 고대한다.

—

가고시안 갤러리 Gagosian Gallery

가고시안 갤러리는 전 세계를 통틀어 최고로 손꼽히는 갤러리다. 가고시안 갤러리의 대표인 래리 가고시안 Larry Gagosian 은 현대에서 꿈꾸는 성공 신화를 그대로 이루어낸 사람이다. 그는 미술을 전공

하지도 않았고 어릴 적부터 미술관을 드나들거나 미술을 배우지도 않았다. 그런 그가 1976년 프레임에 포스터를 끼워 파는 가게를 운영하다가 2년 후 LA와 뉴욕에 갤러리를 오픈하며 본격적으로 사업을 확장했다. 지금은 10개국에 갤러리를 운영하는, 세계적인 규모의 화랑 제국을 이끄는 아트 딜러가 되었다. 공격적인 마케팅과 브랜딩으로 규모를 늘렸고 프랜시스 베이컨, 로이 리히텐슈타인, 잭슨 폴록, 앤디 워홀 등과 작업하며 명실상부 세계 최고의 갤러리를 만들었다. 신진 작가에게는 박하다는 평이 있긴 하지만 가고시안의 명성은 여전하며 여전히 작가들의 등용문 역할을 하고 있다.

—

페이스 갤러리 The Pace Gallery

1960년에 보스턴에서 시작했으며 뉴욕의 3대 갤러리라 불리는 가고시안, 데이비드 즈워너, 페이스 중에 가장 오랜 역사를 가진 갤러리다. 갤러리의 문을 연 안 글림처 Arne Glimcher는 미술사를 공부한 대학원생으로 스물두 살의 나이에 아버지의 이름을 따서 페이스 갤러리를 보스턴에 열었다. 1963년에 뉴욕 첼시로 갤러리를 이전했는데 이때부터 세계적으로 각광받기 시작한 현대미술의 흐름에 참여하게 된다. 현재는 전 세계에 아홉 개의 갤러리를 가지고 있으며 서울에도 갤러리가 있다. 파블로 피카소, 마크 로스코, 데이비드 호

크니 등 미술관에 있어도 이상하지 않을 대가들의 작품을 소개한다. 뉴욕에 위치한 네 개의 갤러리에 있는 작품만으로도 미술관 정도의 규모를 자랑한다.

—

데이비드 즈위너 갤러리 David Zwirner Gallery

뉴욕 3대 갤러리 중 가장 젊은 갤러리로 1993년 뉴욕 소호에서 문을 열었다. 짧은 시간에 급격하게 성장한 갤러리로 아직 한창 현장에서 활동하는 대표 데이비드 즈위너David Zwirner의 과감한 선택과 적극적인 섭외로 점차 자리를 넓혀가고 있다. 한국인에게도 친숙한 일본 작가 구사마 야요이와 컬렉터들이 사랑하는 제프 쿤스, 설치 미술에 한 획을 그은 리처드 세라 등이 전속 작가로 있어서 유명세를 더했다. 많은 미술 애호가들의 사랑을 받고 있으며 앞으로가 더욱 기대되는 갤러리다.

Chap

ter 3

문화,

다채로운
이야기 가득한
뉴요커의 일상

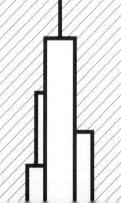

미국을 만든
노블레스 오블리주의 정신

록펠러 가문

유럽 역사에는 핏줄과 영광으로 이어진 몇몇 유명한 가문이 있다. 이탈리아에는 예술을 사랑하고 예술가를 후원해서 유명해진 가문이자 피렌체를 지배한 메디치 가문이 있었고, 오스트리아에는 유럽 제일의 명문가라 일컬어지며 수많은 초상화로 그 명맥을 확인할 수 있는 합스부르크 왕가가 있었다. 그런데 미국에도 유명한 가문이 있다. 미국을 여행하거나 미국에 머무르다 보면 누구나 한번쯤은 록펠러 Rockefeller 가문에 대해 들어볼 수 있다. 유럽의 이름난 가문들에 비하면 록펠러 가문은 미국의 역사나 정치에 큰 영향을 미치지도 않았다. 그렇지만 부를 쌓고 쓰는 과정에서 이름을 날려 록펠러는 이제 '미국' 하면 떠오르는 유명한 가문이 되었다.

록펠러 가문의 시작은 1839년에 태어난 존 D. 록펠러에게서 시작되었다. 그는 급격한 속도로 발전하고 있는 미국에서 기회를 잘 포착해 상사로 사업을 시작했는데 부업으로 삼았던 정유소가 번창한 것을 계기로 석유 산업에 뛰어들었다. 1870년 스탠더드 오일이라는 정유 회사를 창업한 록펠러는 1880년대에 미국은 물론 전 세계 원유 공급의 90퍼센트를 차지하는 석유왕이 되었다. 그 과정에서 리베이트 계약, 독과점 등의 문제로 엄청난 비난을 받기도 했지만 록펠러는 43세라는 젊은 나이에 미국 역사상 최고의 부자가 되기에 이르렀다. 물론 그가 부를 쌓는 데만 급급했다면 석유왕이자 악덕 사업가로 석유사(史)에서나 한 줄 이름을 남기고 말았을 것이다.

록펠러 가문이 아직도 사람들의 입에 오르내리는 것은 존 록펠러를 비롯해 그의 자손들이 과거를 반성하는 의미에 더해 '노블레스 오블리주'를 실천하여 기부 등 여러 사회 환원 사업을 펼쳤기 때문이다. 그중 하나가 뉴욕의 수도시설 설비에 전액을 부담하고 록펠러 재단을 통해 영구히 뉴욕시의 수도세를 부담하기로 한 것이다. 뉴욕 시민들은 지금도 수도세를 내지 않는다. 시민이 아니어도 뉴욕에 사는 누구나 그 혜택을 받을 수 있다. 물이 계층이나 인종, 성별과 나이를 가리지 않고 인간이라면 누구에게나 필요한 기본 자원이라는 점에서 의미가 깊다. 록펠러 가문 입장에서도 부를 축적하는 과정에서 저질렀던 잘못을 사죄하고픈 뜻을 오래오래, 최대한 많은 사람에게 전하고 싶은 탁월한 선택이었는지도 모른다.

메트로폴리탄 미술관도 존 록펠러의 손자 넬슨 록펠러^{Nelson} Rockefeller가 기증한 3000여 점의 작품이 토대가 되었고, 지금도 메트로폴리탄 미술관 내에 '마이클 록펠러윙'이라는 록펠러를 기리는 전시관이 있다. 뉴욕 현대미술관 또한 존 록펠러의 며느리 애비 록펠러가 친구들과 뜻을 모은 것이 시발점이 되었는데, 그곳에도 '애비 올드리치 록펠러 가든'이라는 조각 공원이 조성되어 있다. 이외에도 록펠러 가문은 시카고대학교를 비롯해 의약연구소, 고아원, 교회 등을 설립하고 뉴욕의 복합문화단지인 링컨센터에도 거액을 기부했다.

돈이 많다 한들 개인의 돈으로 자국민의 건강을 위해 의학 발전을 지원하고, 학교를 세워 교육을 장려하고, 예술의 확장에 투자하는 것은 쉬운 일이 아니다. 록펠러 가문이라는 자부심과 자본주의 미국에서 누군가를 밀어내고 성공을 이루었다는 죄책감이 엄청난 기부와 다양한 자선 사업을 실천하게 만들었다. 자부심과 죄책감이라니, 아이러니한 부분이 있지만 뉴욕 곳곳에서 큰 힘 들이지 않고 록펠러 가문이 이루어낸 문화와 예술을 즐기는 한 사람으로서 고마운 일이기도 하다. 시작은 노블레스 오블리주의 실천이었지만 뉴욕 곳곳에 남은 록펠러의 흔적은 자연스레 그들의 이름을 미국의 역사와 문화에 새겨넣었다.

록펠러가 싹 틔운 기부 문화는 오늘까지도 계속되고 있다. 지금도 미국에서는 어느 정도 부를 쌓으면 사회에 기부하는 것을 고소득자의 의무이자 명예라고 생각한다. 마이크로소프트의 공동창업자 빌 게이츠, 페이스북 창업자 마크 저커버그, 애플의 CEO 팀 쿡 등이 록펠러의 뒤를 이어 꾸준히 자산을 기부한다. 일반 시민에게도 소액이나마 동네 체육관이나 학교에 기부하는 문화가 자연스럽게 자리 잡혀 있다. 모든 이들에게 생활화된 미국의 기부 문화는 그 자체가 나라의 가치를 높이는 브랜딩 전략이란 생각이 든다. 뉴욕에 사는 동안 도시 곳곳에 보이는 기부의 흔적들, 이를테면 시민들이 세운 미술관이나 박물관 같은 곳을 보면서 높은 시민 의식이 어떻게 도시의 문화를 꽃피우는지 볼 수 있었다. 전 세계인이 사랑하는 메트로폴리탄 미술관도, 현대미술관도 다 미국 시민들의 기부로 인해 만들어진 문화 공간이다. 어쩌면 기부와 나눔 문화는 세계적 찬사를 받는 글로벌 메가시티의 필수 요건이 아닐까.

걷기 좋은
격자형 도시

뉴욕의 거리

점, 선, 면만을 이용해 그림 그린 것으로 유명한 추상화가 피에트 몬드리안의 작품 중 「브로드웨이 부기우기」는 빨강, 파랑, 노랑 등의 선명한 원색의 격자가 인상적인, 몬드리안이 주도한 신조형주의 작품이다. 현대미술이 보통 그러하듯 작가가 드러내고자 하는 예술의 방향과 내가 느끼는 방향은 다를 수 있다. 그러나 이 작품만은 이름 그대로 뉴욕의 거리를 떠오르게 하는 작품이다.

다른 세계적 도시들에 비하면 상대적으로 역사가 짧지만 뉴욕은 미국에서만큼은 오래된 도시에 속한다. 뉴욕시는 1624년 뉴암스테르담이라는 네덜란드 식민지 교역 항구로 출발했다. 1811년

'맨해튼 그리드'라 불리는 도시계획 수립 이후 지금까지 당시에 만든 그 구조를 유지하고 있다. 놀랍게도 뉴욕은 1811년에 이미 콘크리트를 사용해 높은 건물을 지었으며 그 앞을 지나가는 도로와 뉴욕의 허파 역할을 하는 센트럴 파크까지 구상해 만들었다. 격자 형식의 무늬라는 뜻을 가진 '그리드^{Grid}' 계획답게 뉴욕은 동서를 연결하는 스트리트^{Street}와 남북을 연결하는 애비뉴^{Avenue}로 이루어져 있다. 스트리트는 1번부터 150번까지, 애비뉴는 1번부터 12번까지 있고, 거리마다 표지판이 붙어 있어 주소만 있다면 어디든 찾아갈 수 있다. 차가 없으면 살기 힘들고 비행기가 없으면 이동하기 힘든 어마어마한 크기의 나라 미국에서 그나마 차가 없어도 이동하기 쉽고, 걸어서 여행하기에도 더할 나위 없이 좋은 도시 중 하나가 바로 뉴욕이다. 사실 교통 정체와 주차 문제 때문에라도 걷는 게 더 낫다.

뉴욕을 걷다 보면 다른 도시와는 다른 특이한 점이 있다. 뉴욕에 와보지 않은 사람들도 알 수 있을지 모른다. 뉴욕이 배경인 영화를 보다 보면 뿌연 증기가 바닥에서 솟아오르는 것을 볼 수 있다. 뉴욕은 단단한 암석 위에 지어진 도시라 땅이 무척 딱딱해서 지하 공간을 깊이 파는 게 어려웠다고 한다. 그래서 지하를 깊게 파지 못했고 땅 밑에 파이프라인을 매립해 각각의 건물로 증기를 보내어 열을 전달한다. 우리나라는 도시가스로 난방을 하지만 뉴욕의 높은 건

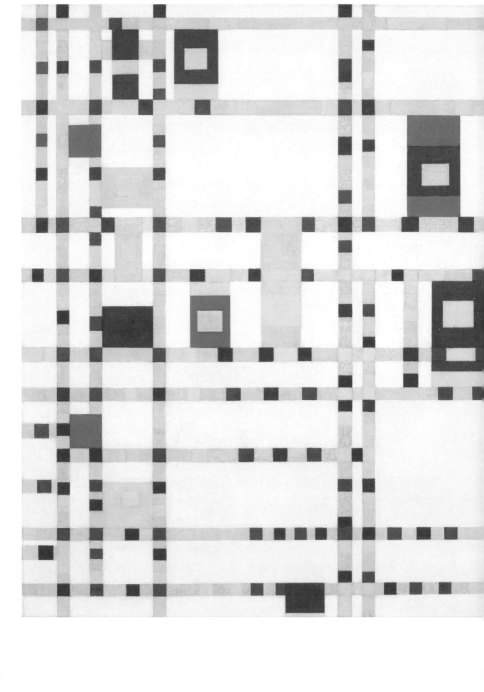

물은 여전히 땅 아래 연결된 배관으로 증기를 보내 난방을 한다. 그리고 열이 과하면 외부로 증기를 내보내는데, 그 때문에 뉴욕 거리에 뿌연 수증기가 올라오는 장면이 연출된다. 길 곳곳에 주황색 줄무늬 굴뚝이 있는데 틈틈이 수증기를 내뿜는다. 이는 보행자는 물론이고 승용차 운전자의 시야 확보를 위해 수증기를 더 위로 내뿜고자 설치된 것이다. 현대적인 감각을 자랑하는 다른 대도시에서는 볼 수 없는 모습이지만 뉴욕의 분위기와 은근히 잘 어울린다.

뉴욕은 여러모로 보행자를 위해 최선을 다한 티가 난다. 한국은 보행자에게 친화적이지 않은 길거리에 대한 불만의 목소리가 높다. 보도가 좁고 곳곳이 가로수로 막혀 있어서 시각장애인이 걸어 다니기가 어렵다는 말이 나오곤 한다. 뉴욕은 보행자를 위한 배려를 곳곳에 심어두었다. 복잡한 브로드웨이 앞도 길을 걷는 사람 위주의 공간으로 만들어 표를 사기 위한 긴 줄을 티켓박스 안으로 숨겨두었고, 넓은 보도 곳곳에는 테이블과 의자를 놓아 누구나 쉴 수 있는 공간을 만들어두었다. 뉴욕의 차도를 아래에 두고 걷는 하이라인 파크는 보행자가 느린 걸음으로 이동하기 위한 길이며 센트럴 파크는 뭐라 더 보탤 것도 없이 걷는 이를 위한 공간이다.

이런 세심한 동선과 거리 풍경은 이 도시가 시민 한 사람 한 사람을 배려한다는 느낌을 준다. 또한 천천히 걸어서 뉴욕을 만날 수 있기에 뉴욕이 좀 더 가깝게 느껴진다. 아마 몬드리안도 이렇게 뉴욕을 걸으면서 「브로드웨이 부기우기」를 구상하지 않았나 싶다. 어쩌면 이 작품은 복잡한 도시에서 나의 보행을 한결 편하게 만들어주는 뉴욕 거리에 대한 감사의 의미가 담겼을지도 모른다. 나도 10여 년간 뉴욕의 도시를 매일같이 걸었다. 어디론가 가기 위해 정신없이 걷는 날이 대부분이었지만 틈틈이 그저 걷기만 한 시간들이 있었다. 그 시간 속에서 마주했던 풍경, 사람, 생각은 미술 공부를 하는 나에게 여러 가지로 자극이 되어주었고 또 복잡한 머릿속을 정리해주었다. 그리고 문득, 이곳에서 걷는 이 시간이 그리워질 것 같다는 생각도 종종 했던 것 같다.

"나는 걸을 때만 사색할 수 있다. 내 걸음이 멈추면 내 생각도 멈춘다."

걷기 예찬론자까지는 아니어도 장 자크 루소의 이 말을 좋아한다. 프랑스 사상가의 말이지만 마치 뉴욕을 위해 만들어진 말 같다. 걸을 수 있는 도시, 걷기로 만나는 도시 뉴욕이 그립기에.

도시 한복판
슬픔의 자리

9.11 메모리얼 파크

×

180 Greenwich St, New York, NY 10007
www.911memorial.org

2001년 9월 11일, 뉴욕의 아침은 여느 때처럼 평화로웠다. 사람들은 커피 한잔을 마시며 아침을 즐기고 가족들과 인사를 한 후 회사로 출근했다. 오전 8시 45분경 한 대의 비행기가 월드 트레이드 센터의 쌍둥이 건물 중 북쪽 건물과 충돌했다. 곧이어 또 한 대가 남쪽 건물과 충돌했다. 건물은 화염에 휩싸였고 결국 오전 10시부터 30분 간격으로 두 건물이 모두 무너져 내렸다. 거의 3000여 명에 이르는 많은 사람이 죽었고, 미국인은 물론 전 세계인이 충격에 빠졌다.

정확히 10년 뒤인 2011년, 월드 트레이드 센터가 있던 자리에 메모리얼 파크가 들어선다는 소식을 듣고 그곳을 방문했다. 추락

한 비행기의 잔해, 당시 사용했던 소방 호스 같은 것들이 조형물이 되어 자리를 지키고 있었다. 사실 나에게 9.11 테러 사건은 고등학교에서 공부하다가 선생님으로부터 전달받은, 텔레비전에서 긴급 속보를 보며 안타까워한 머나먼 나라에서 벌어진 참혹한 사건 정도의 무게감이었다. 그러나 막상 그곳에 가니 그때의 참혹함이, 남은 자들의 슬픔이 그대로 느껴졌다. 사람이라면 누구나 사랑하는 이를 잃은 아픔에 지극히 공감할 수 있을 것이기에. 나는 비로소 뉴욕 시민들의 슬픔을 온 마음으로 위로할 수 있을 것 같았다.

건물이 있었던 자리에는 네모나게 틀을 잡고 폭포가 흘러내리도록 했다. 쉼 없이 흘러내리는 폭포는 유가족들의 아픔을 상징한다. 동판으로 만들어진 폭포 둘레에는 희생된 이들의 이름이 음각으로 새겨져 있고 주변에는 나무들도 심겨 있다. 매년 희생자들의 생일 마다 조각되어 새겨진 그의 이름 위에 자그마한 꽃이 꽂힌다. 유가족이 꽂았을 수도 있고, 생전에 그를 알던 이가 찾아와 두고 갔을 수도 있다. 조금 일찍 나선 출근길에, 유난히 석양이 아름다운 퇴근길에 잠시 공원에 들러 사랑하는 이의 이름을 쓰다듬고 한 송이 꽃을 꽂는 누군가의 모습이 그려진다. 언제든 그리운 이를 찾아 추모할 수 있는 슬픔의 공간이 가까이에 있다는 것, 메모리얼 파크의 존재 의의는 여기에 있는 것 같다.

사실 뉴욕 한복판, 거대한 상업용 건물이 존재하던 자리에 추

모 공간을 만든 것은 대단한 결심이다. 자본주의의 선봉에 선 미국이라는 나라에서 이런 선택을 했다는 것이 신기하기도 하다. 뉴욕은 세계에서 제일 비싸다는 금싸라기 땅이니만큼 이 자리에 건물을 세웠다면 어마어마한 수익을 얻었을 것이다. 하지만 뉴욕 사람들은 테러의 흔적을 지워버리지 않고 남겨 두기로 했다. '테러 사건을 잊지 않겠다'는 의지와 다짐이 담긴 기념관이라기보단 테러에 희생당한 사람들을 추모하며 슬퍼할 자리를 찾아주기 위한 선택인 듯하다.

9.11 메모리얼 파크는 아픔의 자리를 비워둔 채 살아남은 자들이 드나듦으로써 되레 장소가 가득 채워진 느낌이다. 의지와 다짐을 보여주는 비장하고 위엄 있는 비석이나 탑으로 채우기보다는 폭포를 만들고 숲을 조성해 일상의 공간과 연결해 두었다. 마치 뉴욕이라는 건물 한가운데에 만들어진 중앙정원 같다. 건물 안이지만 중정에 들어서면 하늘을 바라보고 한숨 쉬어 갈 수 있는 것처럼, 이곳은 이제 추모의 공간이자 휴식의 공간으로서 사랑하는 이를 잃은 자, 살아남은 자 모두 '그럼에도 불구하고' 살아야 하는 사람들의 숨통을 틔워준다.

이처럼 뉴욕 사람들은 일상을 지키면서도 테러에 희생된 사람을 추모하고 그 기억을 가지고 꿋꿋이 살아간다. 아픔은 아픔대로 보여주고 그 아픔에서 또 다른 삶이 태어나는 것 또한 과장 없이 보

여준다. 9.11 메모리얼 파크를 천천히 걷다 보면 이 사람들은 현재를 열심히 살고 있지만 테러를 기억하고 테러의 희생자들을 영원히 잊지 않을 것이란 믿음이 생긴다.

월 스트리트에서
파타고니아를 읽다

월 스트리트

맨해튼 남쪽에 있는 금융가 월 스트리트는 세계 경제의 중심지이
자 미국 자본주의의 상징이다. 뉴욕 증권거래소와 나스닥은 물론
이고 거대 금융사들이 한곳에 몰려 있어 세계의 모든 돈이 유입되
고 돌고 돌아 전 세계로 퍼져 나가는 곳이 바로 월 스트리트다. 사
실 월 스트리트는 1700년대 노예 거래 시장이 모태였다고 한다. 당
시만 해도 노예가 주식만큼이나 중요한 자산이었을 테니 이곳에서
노예 거래의 종식과 함께 증권 거래가 시작된 것은 어찌 보면 자연
스러운 일 같다.

　월 스트리트를 걷다 보면 각 잡히고 깔끔하게 떨어지는 수트를
차려입고 바쁘게 지나가는 사람들을 볼 수 있다. 영화 속 금융맨의

이미지가 상상 그대로 실현되는 곳, 영화 〈더 울프 오브 월 스트리트〉(2014)의 주인공이 내 옆을 지나쳐 어디론가 급히 향하고 있을 것 같은 풍경이 완벽하게 그려진다. 그런 월 스트리트가 변신하는 날이 있다. 바로 매주 금요일이다. 금요일의 월 스트리트에는 플리스 조끼를 입고 한결 편한 복장으로 샌드위치를 먹거나 커피를 들고 다니는 회사원들의 모습을 볼 수 있다. 특이한 것은 거의 대부분의 플리스 조끼 오른쪽에는 파타고니아 로고가, 왼쪽에 회사 로고가 박혀 있다는 점이다. 쉽게 말하자면 파타고니아로부터 공수 받은 '교복'에 각기 다니는 회사 로고만 박아서 입고 있는 셈이다.

소위 '파타고니아 교복'의 역사는 2008년의 서브프라임 모기지 금융 위기에서 시작된다. 당시 JP 모건 체이스나 BMO 캐피털 등 월 스트리트에 위치한 금융 회사에서는 분위기 쇄신 차원에서 매주 금요일을 캐주얼 데이로 정한 뒤 파타고니아 조끼를 직원들에게 선물했다고 한다. 전 세계의 경제를 이끄는 월 스트리트에서도 최고의 위치를 차지하는 회사의 로고가 찍힌 조끼라니, 모두가 자랑스럽게 입기 시작했다. 어느덧 파타고니아 조끼는 월 스트리트 금융인이라는 자부심의 상징이 되었다.

그런데 왜 하필 파타고니아였을까? 파타고니아는 '환경보호'를 기업의 최우선 가치로 여기는 패션 브랜드다. 매출의 1퍼센트를 지구세Earth Tax라는 이름으로 자연을 위해 기부하는 친환경 기업과 자본주의의 선봉인 월 스트리트는 어쩐지 어울리지 않는다. 브랜드의 정체성과 맞지 않는 듯한 월가 사람들의 착용으로 입장이 곤란해진 파타고니아는 판매 정책을 바꿨다. "연 매출에서 1퍼센트 이상을 지구세로 내는 회사에게만 조끼를 판매하겠다"라고 공표한 것이다. 그럼에도 불구하고 기업들은 파타고니아 조끼를 계속 사갔다. 이렇듯 파타고니아 조끼가 월 스트리트 금융인의 상징으로 입지가 공고해지면서 기이한 현상까지 벌어졌다. 2010년대 후반, 미국 유명 대학교 MBA 졸업생들이 구직하는 과정에서 지원하는 회사에 파타고니아 조끼가 있는지 없는지를 확인하며 이력서를 넣고 있었던 것이다. 이 사실은 언론에 대서특필되었는데 파타고니아 조끼가 있다는 것은 그만큼 규모가 크고 영향력 있는 회사라는 방증이었다.

사실 한 철만 입은 옷을 버리고 다시 사기를 광고하는 패스트 패션이 흘러넘치는 시대에 "새것보다 낫다Better Than New"를 외치며 새 옷을 사지 말고 가지고 있는 옷이 더 낫다고 말하는 기업이 있다는 건 놀라운 일이다. 파타고니아의 옷을 사기 위해서라도 환경보호에 가치를 두겠다는 월 스트리트 내 금융 회사들의 다짐도 흥미롭다. 어떤 이유에서건 자연 환경을 생각하는 기업이 늘어나는 건 의미 있는 현상이다. '지속 가능성'이라는 말이 일상품 쇼핑을 넘어 기업에도 전달되고 있다. 'RE100' 비전(기업이 사용하는 전력의 100퍼센트를 재생에너지로 충당하겠다는 캠페인)을 가지고 회사를 운영하고자 하는 기업도 점차 늘어나고 있다.

앞으로의 월 스트리트는, 월 스트리트의 풍경은 어떻게 변할까 궁금해진다. 자본주의를 최고의 가치로 삼는 월 스트리트가 "우리의 터전, 지구를 살리기 위해 사업을 한다"라고 말하는 파타고니아와 언제까지고 발맞춰 갈 수 있을까?

한국 문화재
「칠성도」 찾아오던 날

본햄스 옥션에서의 하루

×

580 Madison Ave, New York, NY 10022
www.bonhams.com

지금도 잊히지 않는 뉴욕의 어느 봄날, 그날은 눈이 많이 내렸다. 며칠만 있으면 4월인데 폭설 때문에 길거리엔 사람도, 차도 다니지 않았다. 당연히 무척이나 추웠는데, 그래서 꽁꽁 싸매듯 두껍게 옷을 챙겨 입었지만 더운지도 추운지도 모른 채 본햄스 옥션 건물을 향해 걷고 있었다.

그날은 2018년 3월 22일이었고, 세계적인 경매 회사로 유명한 본햄스 옥션의 경매 행사에 한국의 탱화 「칠성도」가 나올 예정이었다. 「칠성도」는 1868년 조선 후기에 경상북도 지역 대표 화승인 응상 스님이 청도 운문사에서 제작하고 봉안한 불화인데 1950년 대, 한국전쟁 직후 대혼란기에 미국으로 유출되어 그 흔적조차 찾지 못하던 중이었다. 그런데 국외소재문화재재단이 국외 경매시장에 출품된 한국 문화재를 모니터링하던 중 미국 옥션에서 운문사의 「칠성도」를 발견하고 조계종단에 알린 것이다. 마침 운문사에 계시던 원묘 스님이 20년간 수련한 연으로 뉴욕의 불광선원으로 연락해왔고, 불광선원에서는 당시 첼시의 아트 갤러리에서 일하던 나에게 SOS를 쳤다.

아트 디렉터로 이제껏 날고 기는 경매시장을 경험해서 어렵지 않을 거라 생각했다. 그런데 경매 날짜가 다가올수록 긴장이 되는 건 어쩔 수 없었다. 내가 소속된 나라에 각별한 마음까지 품고 살진 않는다고 생각했는데 막상 도움이 되는 일을 할 수 있을 거라 생각하니 설레기도 했던 것 같다. 스님을 비롯하여 관계자들과 함께 준비도 철저하게 했다 생각했지만 도저히 마음이 진정되지 않았다. 우리는 여러 가지 플랜을 세웠다. 경쟁자들이 많을 때 어떻게 대처할 것인지, 낙찰가가 준비한 금액보다 올라갈 경우 어떻게 할 것인지… 불화 경매에 스님이 참여하면 행여나 옥션이 금액을 올리려 장난이라도 치지 않을까 걱정했다. 스님은 법복을 벗고, 사복을 입고 모자를 쓴 채로 행사에 참석했다. 나 또한 튀지 않으려 검은색 터틀넥 셔츠를 입고 조금도 긴장하지 않은 척 하느라 애썼다.

보통 경매는 이른 아침부터 시작된다. 입찰자들은 고개를 폭 숙이고 책자만 보고 있다. 행사 시간 동안 수십에서 많게는 수백 개

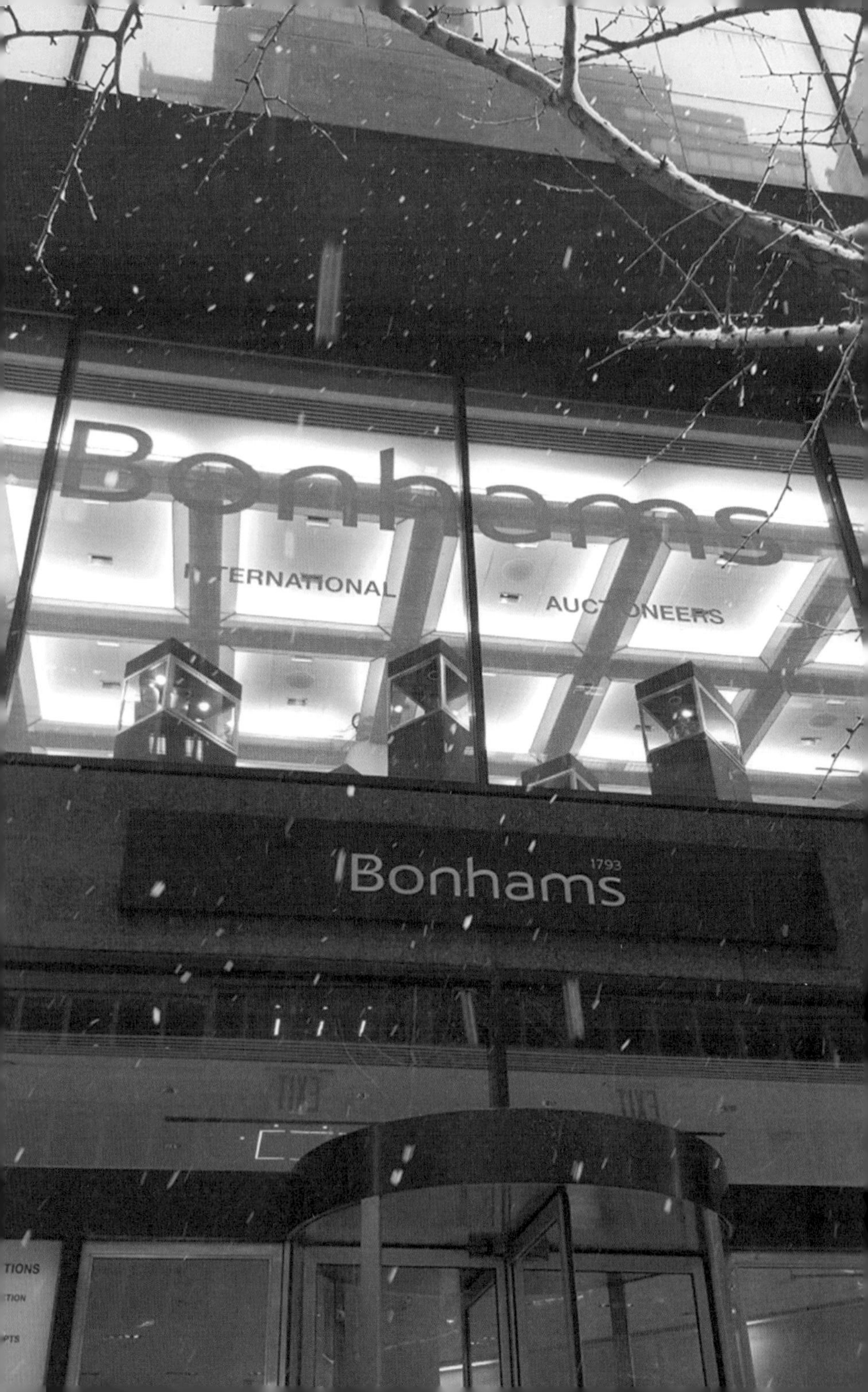
Bonhams
1793
Bonhams

의 작품이나 물건이 나오기 때문에 확실하게 입찰에 응할 때만 고개를 든다. 고요 속에 팽팽한 긴장감이 가득했다. '한국예술$^{Korean art}$' 섹션 전에 '일본예술$^{Japaness art}$' 섹션이 먼저 시작됐는데 검 한 자루에 입찰가가 억대로 올라갔다. 천정부지로 올라가는 경매가에 걱정과 근심이 솟아오르고 있었다. 이윽고 「칠성도」가 출품되었다. 수많은 세월이 흐르고 흘러 바다까지 건너 먼 이국땅에서 눈앞에 펼쳐진 「칠성도」는 세월의 흔적이 느껴졌지만 그 아름다움과 고귀함만은 여전했다. 꼭 한국으로 돌려보내야 할 그림이었다. 누구보다 자신 있게 패들을 들고 싶었지만 마음과 달리 덜덜 떨며 손을 들어 올렸다. 내 손길 하나에 백 년 이상의 역사와 정신이 담긴 한국 문화재의 거취가 결정된다 생각하니 어쩔 수 없었다.

생각보다 그림은 쉽게 우리 손에 들어왔다. 한두 번, 온라인 입찰자와 경쟁을 하긴 했지만 짧은 시간 안에 생각한 최대 금액보다 적은 금액으로 작품을 낙찰받았다. '이 짧은 시간을 위해 얼마나 많은 사람들이 유난을 떨었던가' 싶었지만, 그 시간이 없었다면 이 기쁨도 없을 터였다. 「칠성도」는 그렇게 무사히 한국의 품으로, 운문사로 돌아갈 수 있게 되었다.

"이 일을 하기를 잘했다."

좀처럼 혼잣말을 하지 않는데 저절로 이 말이 튀어나왔다. 모든 과정을 끝내고 건물 문을 열고 나오는데 그제야 추위가 느껴졌다.

비로소 옥션 주변 사람들이 떠드는 소리와 거리의 소음이 귀 안으로 들어왔다. 백여 년 전, 이 탱화를 보며 손을 모으고 기도하는 사람들이 모습이 눈앞에 그려지는 듯했다. 절묘하게 뉴욕 거리의 사람들과 겹쳐졌다. 조선의 산사에서 거리에서 뉴욕 거리에 오기까지, 「칠성도」에 어떤 여정이 펼쳐졌을지 상상도 할 수 없다. 그렇지만 이제 「칠성도」는 제자리를 찾아갈 것이었다. 아름다운 작품에는 만든 이의 정성과 바람 같은 것들이 깃들기 마련이다. 그 혼은 이 작품이 진정 있어야 할 곳에 있기를 바랐을 것이었다.

내게 뉴욕은 문화 공간의 힘을 증명하는 도시이자 현재와 과거와 미래가 뒤섞인 거대한 이야기를 뿜내는 곳이다. 뉴욕의 미술관을 다녀오면 유독 주눅이 들었던 건 아마도 뉴욕이 가진 문화의 힘에 압도되었기 때문일 것이다. 그렇지만 뉴욕 한복판에서 우리 문화재를 고국의 품에 안겨주고 집으로 돌아가는 길에 「칠성도」가 얼마나 아름다웠는지, 우리나라 문화재가 가진 힘은 무엇인지 생각하면서 나는 비로소 주눅 든 어깨를 펼 수 있었다. 아름다운 미술품은 뉴욕에만 있는 게 아니다. 우리에게도 한국 고유의 아름다운 미술 문화가 있다.

그날 이후 나는 갤러리에서 좀 더 자신 있게 일할 수 있었다. 한국 미술의 아름다움이 서양의 것보다 절대 뒤처지지 않는다는 자신감, 동양 미술의 매력을 더욱더 알려야겠다는 사명감 같은 것이 생긴 것 같았다. 10년 전만 해도 뉴욕에서 한국 미술은 다소 생소하게 여겨졌는데 2024년을 지나는 지금, 박서보, 이우환, 김창열 같은 한국 화가들의 작품이 세계에서 주목받고 있다. 메트로폴리탄 미술관이나 뉴욕 현대미술관에 한국 화가 특별전이 열리기도 한다. 한국 미술의 아름다움을 알아보고 널리 알리고자 애써온 수많은 이들의 성과다.

한편 해외로 반출됐던 수많은 한국 미술 작품들이 속속 한국에 되돌아가고 있다. 한국 미술을 널리 알리는 만큼 중요한 일이고 이것 또한 보이지 않지만 물밑에서 활동하는 이들이 있기에 가능한 일이다. 나 역시 그때의 경험을 바탕으로 틈틈이 해외의 경매 소식에 귀를 기울이는 중이다. 언젠가 「칠성도」만큼이나 값진 한국 문화재를 반환하는 일에 또 내가 쓰일 수 있으면 하는 바람이다. 그리고 지금보다 더 많은 사람들이 한국 미술의 수출은 물론, 한국 문화재의 반환에 관심을 가졌으면 좋겠다.

이토록 크리스마스에
진심인 나라

록펠러 센터의 크리스마스트리

×

45 Rockefeller Plaza Rockefeller Center, New York, NY 10111
www.rockefellercenter.com

〈나홀로 집에 2〉(1992)는 뉴욕을 배경으로 한 크리스마스 영화다. 케빈과 가족들은 플로리다로 크리스마스 휴가를 떠나지만 실수로 케빈 혼자 뉴욕행 비행기에 탑승한다. 1편과 마찬가지로 역시나 케빈은 절망하거나 우울해하지 않고 뉴욕의 크리스마스를 혼자 즐긴다. 장난감 가게를 털려는 도둑들을 해치운 영화 후반부, 이제 케빈도 가족이 그립다. 길거리를 지나다가 한 거대한 크리스마스트리 앞에서 가족을 만나고 싶다는 소원을 비는 와중에 엄마를 다시 만나는데 바로 이 트리가 그 유명한 록펠러 센터의 크리스마스 트리다.

어렸을 때는 〈나 홀로 집에 2〉에 나오는 록펠러 센터의 화려하고도 멋진 크리스마스트리를 보며 막연하게 뉴욕에서 맞이하는 크리스마스를 상상하곤 했는데, 실제로 뉴욕에서 만난 크리스마스트리는 더 감동적이었다. 건물 10층 높이의 거대한 크리스마스트리는 초록색, 빨간색, 노란색의 조명을 달고 눈이 부신 모습을 드러낸다. 크리스마스트리를 보기 위해 발 디딜 틈도 없이 많은 사람이 모여 있지만 멀리서 봐도 그 당당한 모습은 한눈에 들어온다. 어렸을 때 영화에서 보던 장면을 직접 보는 것만으로도 추억과 기억이 밀려들어 애틋한 기분이 들었다.

11월 말이나 12월 초가 되면 미국의 방송사 NBC에서는 '록펠러 센터에서의 크리스마스'라는 이름의 쇼가 생방송으로 진행되며 이 거대한 크리스마스트리를 보여준다. 크리스마스가 곧 올 것이라고 전 세계에 알려주는 것이다. 보통 록펠러 센터 앞에 세우는 크리스마스트리는 높이가 20미터, 무게가 무려 14톤에 달한다. 5만 개 이상의 LED 전구로 장식한 트리 꼭대기에는 주얼리 기업으로 유명한 스와로브스키의 별 장식이 휘황찬란하게 빛난다. 이 엄청난 크기만큼 정성과 노력이 들어간다고 생각하니 크리스마스트리가 더 특별하지 않을 수 없다.

사실 여러 나라를 다녀봤지만 미국만큼 크리스마스에 진심인 나라는 없는 것 같다. 뉴욕은 도시 전체가 겨울 초입부터 크리스마스 시즌이 된 듯 달뜬 분위기다. 길거리 곳곳에 장식된 크리스마스

트리와 울려 퍼지는 캐럴이 마음을 설레게 한다. 라디오시티 뮤직홀에서 열리는 크리스마스 '스펙타큘러' 공연도, 이때가 되면 더욱더 화려해지는 버그도프 굿맨 백화점의 쇼윈도도, 5th 애비뉴에 달리는 크리스마스 라이팅도, 브라이언 파크의 통나무집 키오스크에서 파는 오너먼트도, 삭스피스애비뉴 백화점의 크리스마스 라이팅 윈도우 쇼도, 마치 크리스마스만을 기다려온 사람들이 잔뜩 벼려온 결과물 같다.

록펠러 센터의 크리스마스트리만 해도 그렇다. 록펠러 센터의 원예사는 크리스마스트리로 손색이 없는, 잘생기고 기품 있는 소나무를 찾기 위해 1년 내내 고민해야 한다. 지금도 원예사는 올해 사람들에게 보여줄 나무를 미국 전역을 뒤지며 찾고 있을 것이다.

크리스마스가 끝나면 이 거대한 트리는 어떻게 될까? 가난한 이들에게 집을 지어주는 국제 NGO 해비타트 Habitat for Humanity에 기증된다고 한다. 바닥재, 가구 등으로 변신해 아름다운 선물로 재탄생한다고 하니 나무는 크리스마스가 끝나고도 사람들에게 아름다움을 선사하는 셈이다. 그야말로 아낌없이 주는 나무다.

록펠러 센터는 뉴욕의 계절을 만날 수 있는 곳이기도 하다. 크리스마스트리가 세워지는 건물 전면부 광장은 여름에는 야외 테이블을 둔 레스토랑으로, 겨울에는 스케이트장으로 사용한다. 커다란 나무를 뒤에 두고 즐기는 겨울의 풍경은 뉴욕을 상징하는 모습이

자 뉴욕의 정체성을 보여주는 모습이다. 높은 건물로 둘러싸인 스케이트장을 즐기는 뉴요커들의 즐거운 모습에 기분이 좋아지는 풍경이기도 하다.

　어른이 되면서 많은 사람들이 어린 시절의 추억을 잊어버린 채 산다. 하지만 크리스마스가 되면 특별한 계획이 없어도 괜스레 설레고 두근거린다. 전 세계의 어른들이 록펠러 센터의 크리스마스 트리를 보며 옛 기억도 떠올리고, 때로는 어린아이처럼 행복했으면 좋겠다.

특별한 날을 위한
브랜드의 전략

12월 31일의 타임스퀘어

×

242 W 41st St, New York, NY 10036
www.timessquarenyc.org

언제나 사람이 넘치는 뉴욕에서도 가장 많은 사람이 모이는 곳은 12월 31일의 타임스퀘어 거리일 것이다. 그중에서도 뉴욕을 대표하는 랜드마크가 된《뉴욕타임스》신문사 건물을 '타임스퀘어'라고도 부르는데, 건물 꼭대기를 자세히 보면 광고판 위에 타임 볼^{Time ball}이라 불리는 공 하나가 있다. 낮에는 눈에 띄지 않지만 밤이 되면 조명으로 빛나는데, 그 어떤 날보다 타임 볼이 빛을 발하는 때가 12월 31일이다. 12월 31일에서 1월 1일로 넘어가는 자정에 새해를 기념하기 위해 공과 함께 꽃가루가 떨어지는 행사가 바로 볼 드롭^{Times Square Ball Drop}이다. '뭐 그리 대단한 행사일까' 싶겠지만 타임스퀘어 볼 드롭은 치열한 경쟁을 뚫고 오랜 기다림을 견뎌야 참여할 수 있으며, 뉴욕의 1년을 마무리하는 큰 의미가 담긴 축제다. 뉴요커와 여행객은 물론이고 미국인들에게 의미 있는 행사인 것이다.

행사 하루 전인 12월 30일에 볼 드롭 공식 SNS에 입장 게이트가 어디서 열릴지 공지 게시물이 올라온다. 행사 당일, 경찰이 구역을 나누고 통제한다. 사람들이 거리를 꽉 채운 채 줄을 선다. 오후 6시가 되면 동트기 전부터 추위를 견디며 기다린 자들을 위한 시간이 시작된다. 정각마다 예비 카운트다운을 하는데 그 사이 다양한 기업에서 새해 기념 굿즈를 나눠주고, 뮤지션들이 와서 공연을 펼친다. 보통 그해 최고의 가수가 축하 무대를 펼치는데 당연히 모두들 공연의 열기에 휩싸여 시간 가는 줄 모르고 즐거워한다.

마침내 시곗바늘이 12시를 가리키고 1월 1일이 되는 순간, 카운트다운을 하던 이들 모두가 함께 그 자리에서 새해를 맞이한다. 익숙한 트럼펫 소리와 함께 음악이 시작되는데 뉴욕을 대표하는 노래, 프랭크 시나트라Frank Sinatra의 〈Theme From New York, New York〉이 울려 퍼진다. 그사이 공은 떨어져 내리고 불꽃은 하늘 높이 솟아오른다. 사람들은 "해피 뉴이어!"를 외치며 서로 얼싸안는다. 이날만큼은 볼 드롭을 함께 하는 모두가 친구가 되어 서로의 행복을 빌어준다.

차마 줄 설 엄두가 나지 않아 일본인 친구 유미가 예약한 W호텔의 타임스퀘어 뷰 객실에서 볼 드랍 행사를 함께한 적이 있다. 운 좋게 굿즈도 '득템'했다. 그해 볼 드롭 스폰서 기업 중 한 곳이 니베

아였는데 브랜드 로고가 크게 박힌 모자를 쓰고 신나 했던 기억이 난다. 상품이 아니라 경험을 파는 게 대세라지만 12월 31일 타임스 퀘어에서의 경험을 끼워 파는 건 치트키나 다름없다. 그래서인지 수많은 기업이 볼 드롭을 후원한다. 우리가 똑같은 하루지만 12월 31일을 특별히 여기는 것처럼, 반복되는 일상에서 특별한 기억과 감정을 느끼게 하는 일은 브랜드의 가심비를 높이는 최고의 전략일 것이다. 나 또한 그때 받은 립밤을 꽤 애지중지했다. 지금도 니베아 립밤을 보면 그날의 들뜬 분위기, 그날의 냄새까지 되살아나는 듯하다.

무엇보다 세계의 중심이라 불리는 뉴욕 한복판, 타임스퀘어에서 새해를 맞이한 기분이란 형용하기 힘들다. 최고의 장소에서 최고의 사람들과 함께하는 새로운 한 해는 뭐든 다 잘될 것만 같다. 한국말로 하면 '좋은 기운을 받는' 것 같달까. 한겨울의 추위와 싸우며 인고의 시간을 견뎌야 하지만 기다리는 자에게 복이 온다는 말처럼 마침내 볼 드롭과 맞이하는 1월 1일의 순간은 다른 이에게도 한 번쯤은 꼭 경험해 보라 말해주고 싶다.

농부들이 모여
핫플레이스를 만들다

유니언스퀘어 파머스 마켓

×

Union Square W&, E 17th St, New York, NY 10003
www.grownyc.org

기후 변화의 시대를 살고 있음을 체감하고 있다. 요 몇 년간 지나치게 비가 자주 오고, 꽃은 늦게 피고, 여름과 겨울이 길어져 날씨를 종잡을 수 없는 날들의 연속이었다. 홍수, 가뭄, 폭염 등 기상이변이 예전만큼 놀랍지도 않은 요즘, 기후 변화를 조금이라도 줄여보고자 많은 이가 채식을 하기도 한다. 우리나라는 채식 요리 전문점이 이제 막 늘어나는 추세지만 동남아시아만 여행해도 곳곳에서 수많은 채식 식당을 볼 수 있다. 뉴욕 또한 마찬가지다. 뉴욕은 채식이나 오가닉한 삶의 선택지가 가장 많은 도시일 것이다. 다양한 인종, 출신의 사람들이 많은 만큼 다양성을 존중하는 나라의 특성이 식문화에도 그대로 반영되어 있기 때문이다.

뉴욕의 공원 중 하나인 유니언스퀘어 파크는 브로드웨이와 파크 애비뉴, 14th 스트리트가 만나는 교차점에 있다. 그래서 언제나 많은 사람이 지나다닌다. 뉴요커의 바쁜 삶을 체감할 수 있는 곳이기도 하다. 그런데 월요일, 수요일, 금요일, 토요일에는 여느 공원들과 사뭇 다른 모습을 보여준다. '그린 마켓'이라고도 불리는, 파머스 마켓 Farmer's Market이 열리기 때문이다. 우리나라의 5일장처럼 특정 요일에만 시장이 형성된다. 파머스 마켓이란 말 그대로 농부들이 직접 재배하고 수확한 농산물을 싣고 와 구매자와 직거래하는 시장을 말한다. 이곳에는 신선하고 푸릇푸릇한 채소와 과일, 꽃, 치즈 등이 가득하다.

뉴욕시는 뉴욕으로부터 321킬로미터 이내에 있는 곳에서 생산된 농산물만 거래하도록 규정을 만들어놓았다. 운반하는 과정에서 농작물들이 스트레스받지 않고 올 수 있는 최대 거리가 321킬로미터이기 때문이란다. 그래서 농산물들은 주로 뉴저지나 롱아일랜드, 메인 등 뉴욕 근교의 주에서 오며 무척 신선하다. 농부들은 중간 마진을 떼지 않은 채 농산물을 판매할 수 있어서 좋고, 구매자들은 원산지가 정확하고 건강한 채소나 과일을 눈으로 보고 사 갈 수 있으니 모두가 원원이다. 게다가 이동 거리를 제한함으로써 자연스레 탄소 배출도 줄일 수 있으니 이곳을 주로 찾는, 오가닉한 삶을 추구하며 자연 보호에 앞장서는 사람들에게도 뜻이 맞는 곳인 셈

이다. 이러한 파머스 마켓이 미국 전역에 50여 개 있다고 한다. 뉴욕에도 크고 작은 마켓들이 열리지만 그중에서 가장 규모가 크고 인기가 많은 곳이 바로 이 유니언스퀘어 파크의 파머스 마켓이다. 1976년 개장할 당시만 해도 열두 명의 농부가 모여 시작했지만 지금은 무려 140여 명에 달하는 농부들이 신선한 채소와 과일, 치즈, 빵, 잼, 꽃 등을 판다. 규모도 크고 종류도 다양한 데다 유니언스퀘어 마켓 특유의 활기와 친절이 싱싱한 농산물만큼이나 유명하다. 실제로 방문해 보면 자신의 상품을 홍보하는 상인들과 구매자들의 즐거운 가격 실랑이를 곳곳에서 볼 수 있다.

처음 이곳을 들른 것은 유니언스퀘어 파크 근처에 있는 반스 앤 노블 서점 때문이었다. 책을 사러 들렀다가 왁자지껄한 소리에 들어선 공원에 이렇게 재밌는 파머스 마켓이 열리고 있었다. 한국에서 볼 수 없는 특이한 채소나 과일을 구경하다 보니 시간 가는 줄을 몰랐다. 운이 좋으면 정말 맛있는 홈메이드 와인을 저렴한 가격에 득템하기도 했다. 그 후로도 틈틈이 장이 열릴 때에 맞춰 이 근방을 방문하곤 했다. 반스 앤 노블 뿐만 아니라 플랫아이언 빌딩, 대형 레고 스토어와 이틀리도 근처에 있어 다양하게 놀기 좋기 때문이었다.

집 근처에 트레이더스 조나 홀 푸드 마켓 같은 질 좋은 먹거리를 파는 대형마트도 있지만 굳이 이곳을 찾아가는 불편함을 감수한 건 파머스 마켓만이 주는 활기찬 분위기 때문이었다. 채소든 과일이든 사람이든 모두가 생기 넘치는 이곳에서 가져온 식재료와 에너지가 우리 가족을 한층 더 건강하게 해줄 것만 같았다. 고층 빌딩 숲 속 농부들이 상인이 되는 시장이라니, 관광객들도 한번쯤 들러볼 법하다. 대도시라고 해서 고층 빌딩만 감상하기엔 아까운 도시 중 하나가 바로 뉴욕이다.

Bryant Park

도시와 자연 사이
그 어딘가

브라이언 파크에서의 요가

×

www.bryantpark.org

뉴욕을 배경으로 한 영화를 보다 보면 흔히 볼 수 있는 장면이 있다. 높이를 가늠할 수 없는 뉴욕의 마천루가 내려다보이는 높은 건물에서, 꽤 잘나가는 커리어우먼인 듯한 여성이 잔잔한 음악을 들으며 요가를 하는 모습이다. 완벽한 자세와 완벽한 몸매로 요가하는 장면은 복잡한 도시 뉴욕에서 자기계발을 하는 멋진 여성의 모습을 보여주는 단골 장면이었다.

하지만 영화 〈인턴〉(2015)은 달랐다. 로버트 드 니로의 내레이션과 함께 시작하는 공원에서의 요가 장면은 평범한 일상과 좀 더 가까운 느낌이었다. 한 회사에 인턴으로 지원하기 위해 자기소개를 하는 로버트 드 니로는 요가 또한 세상에 뒤처지지 않기 위한 하나의 경험처럼 이야기한다. 푸릇푸릇한 초록으로 가득한 공원에서 요가인 듯 아닌 듯, 무술 같기도 한 동작을 어설프지만 열심히 따라 하는 그의 모습은 그 나이의 고민과 현실을 보여주는 듯했다. 하지만 저마다 편한 옷을 입고 성별이나 나이와 관계없이, 잘 따라 하지 못하면 못하는 대로 편하게 요가를 즐기는 모습은 인상적이었다. 나는 풀빛 가득한 공원에서의 요가를 꿈꿨고, 요가하기는 뉴욕에서 꼭 이루고 싶은 버킷 리스트가 되었다.

따스한 5월 어느 날, 드디어 그 버킷 리스트를 이루기 위해 브라이언 파크에서 열리는 요가 원데이 클래스를 신청했다. 생각보다 신청 방법은 간단했다. 룰루레몬이나 알로 등 요가복 브랜드들은 종종 요가 원데이 클래스를 열곤 한다. SNS에 댓글만 달면 누구나 참석할 수 있다. 행사 당일, 초록의 잔디와 어울리는 화사한 색깔의 요가복을 입고 요가 매트를 챙겨서 모임 장소로 갔다. 생각보다 많은 사람이 모여 있었다. 한 시간 정도 진행됐는데 수업은 상상과 달랐다. 초록에 둘러싸여 맑은 공기를 마시며 우아하게 동작할 수 있을 줄 알았는데, 생각보다 동작의 난도가 높아서 주위를 둘러볼 시간도 없이 오로지 수업에만 집중해야 했다. 게다가 매트 위로 자꾸만 벌레가 올라와서 그걸 치우는 것도 꽤 성가신 일이었다.

하지만 이런 고난을 상쇄해줄 만큼 좋았던 것은 브라이언 파크

를 휘감는 공기의 시원함과 동작 하나하나 바뀔 때마다 잔잔한 음악과 함께 전달해 주는 요가 강사의 이야기였다. 이 요가 동작이 얼마나 내 몸을 안정시키는지, 나의 근육과 신경과 혈관을 건강하게 만들어주는지 설명을 들으며 자세에 좀 더 집중할 수 있었다. 사방이 막혀 있는 건물 안에서의 요가와 자연의 품에서 경험하는 요가는 얼마나 다른지 실감하는 순간이기도 했다. 시원한 바람이 부는 날, 대도시 속 자연과 함께하는 요가의 경험은 새로운 의미의 액티비티이자 나를 찾아가는 경험이었다.

비단 브라이언 파크뿐만 아니라 뉴욕의 많은 공원에서 요가 클래스가 열린다. 뉴욕에는 수많은 공원이 있다. 그렇지만 브라이언 파크에서의 요가는 센트럴 파크 같은 거대한 공원에서 하는 요가와는 또 다른 느낌을 준다. 맨해튼 도심에 위치해 빌딩숲에 둘러싸인 브라이언 파크는 말 그대로 자연과 도시 그 중간에 있다. 그만큼 접근성이 좋다. 그래서 참가 신청을 하지 않더라도 누구든 매트를 깔고 클래스에 참여할 수 있다. 퇴근길에 몸을 잠깐 풀고 싶은 직장인도, 바로 옆 퍼블릭 라이브러리에 책을 읽으러 왔던 학생도 잠시 들러 같이 요가를 하며 호흡을 맞출 수 있다. 온전히 초록에 둘러싸인 센트럴 파크와 다르게 빌딩과 나무 냄새를 같이 맡으며 운동할 수 있는 곳. 그래서 브라이언 파크에서의 요가 수업은 더욱 특별하다.

뉴욕을 만든
100년 전의 지혜

센트럴 파크

×

www.centralparknyc.org

뉴욕에 와서 센트럴 파크를 방문하지 않는 사람이 있을까? 이 거대한 공원은 뉴욕 어디를 가나 발을 디딜 수밖에 없을 정도로 지리들과 맞닿아 있다. 그렇기 때문에 센트럴 파크를 가지 않기란 파리에서 에펠탑을 보지 않는 것만큼이나 어렵다. 센트럴 파크는 59th 스트리트부터 110th 스트리트까지 남북으로 4킬로미터 이상 이어지며 5th 애비뉴와 8th 애비뉴를 경계로 동서로는 800미터 이상 펼쳐져 맨해튼 가운데를 긴 직사각형 모양으로 채우고 있다.

도심 한가운데 무려 103만 평이 넘는 규모의 공원이라니, 그 규모도 놀랍지만 세계에서 가장 비싼 땅값을 자랑하는 뉴욕의 심장

부를 빌딩들로 채우지 않은 그 결정이 더 놀랍다. '미국 시詩의 아버지'이자 저널리스트였던 시인 윌리엄 브라이언트William Cullen Bryant가 《뉴욕포스트》에 공원을 짓자는 캠페인을 기고한 것을 시작으로 하여 센트럴 파크 조성 논의가 시작됐다. 그 과정이 순탄하지만 했던 것은 아닌데 공원 조성에 반대하는 사람들을 향해 조경가 프레드릭 로 옴스테드Frederick Law Olmsted는 1857년, "지금 이곳에 센트럴 파크를 만들지 않으면 100년 후에 이만한 크기의 정신병원을 만들게 될 것"이라고 말했다고 한다. 당시에는 공원의 필요성을 강조하기 위해 한 말이었겠지만 지금에 와서 되돌아보니 더욱더 복작복작해지고 정신없어진 뉴욕에 센트럴 파크가 만들어지지 않았다면 정말로 그의 말이 현실이 되었을지도 모른다. 그만큼 센트럴 파크는 뉴욕에 사는 모든 이들에게 초록빛 풍경을 선사하며 숨 쉴 여유를 제공해 주는 곳이다.

센트럴 파크는 물리적으로 쉼터가 되어줄 뿐 아니라 사람과 사람, 도시와 사람을 결속시키는 공간이기도 하다. 온갖 사람들이 모인 만큼 뉴욕처럼 빈부, 인종, 종교 등 시민 간에 다름이 큰 도시도 없다. 이 다름은 차별로 변질되기 쉽다. 하지만 공원이라는 공공장소에서만큼은 각기 다른 사람들이 똑같이 자연을 만끽하고 커피를 마시고 벤치에 앉아 하늘을 바라보거나 핫도그를 먹는다. 같은 것을 보고 듣고 먹고 느끼는 공원 안에서 사람들은 미국 스타일, 미국스러움, 뉴요커라는 인식까지 공유한다. 미국인뿐만 아니라 여행

객이나 나 같은 이방인 또한 이 도시의 자연과 사람과 문화를 공유한다. 그러면서 뉴욕이라는 도시의 다양성이 유기적으로 작동하고 도시는 활기를 띤다고 생각한다. 센트럴 파크가 뉴욕의 허파라는 말은 단순히 나무가 우거졌기 때문에 나온 말이 아니다. 도시 자체에 숨을 벌어주는 곳이라는 이유로도 센트럴 파크는 뉴욕의 허파가 된다.

한편 센트럴 파크는 어마어마하게 큰 만큼 곳곳에 다양한 공간이 조성되어 있다. 넓은 자연림은 물론이고 야생동물 보호구역도 있고 작은 놀이공원과 동물원도 있다. 겨울이면 스케이트장도 문을 연다. 날이 좋을 때면 버스킹하는 이들도 많아 눈은 물론 귀도 호사를 누린다.

센트럴 파크에서 열리는 행사 중 가장 좋아하고 매번 즐겼던 건 매년 6월, 초여름에 열리는 '콘서트 인 더 파크'였다. 미국의 대표적인 관현악단인 뉴욕 필하모닉이 센트럴 파크에서 무료로 야외 공연을 펼친다. 공연이 열리기 약 한 달 전이 되면 뉴욕 필하모닉 공식 홈페이지에 센트럴 파크 어느 곳에서 언제 공연을 할지 장소와 일정을 공지한다. 공연이 열리는 날엔 센트럴 파크 일대가 마비된다. 매년 몇만 명의 사람들이 이 행사를 즐기러 오기 때문이다. 작은 양초나 피크닉 테이블을 챙겨와 음식을 먹고 와인을 마시며 공연을 감상하는 사람들도 있다. 공연 시간이 다가올수록 해가 지고 하늘은 어두워지는데 그에 반해 건물은 빛을 내기 시작하니 풍경은 더욱 아름답다. 초여름 뉴욕에 있다면 놓쳐서는 안 될 빅 이벤트다.

센트럴 파크는 이제 미국인뿐만 아니라 전 세계의 사람들에게 사랑받는 공원이다. 매년 4000만 명 이상이 방문한다고 하는데 영화나 드라마에도 자주 등장해 뉴욕을 방문해 보지 않은 사람들에게도 영화 같은 로맨스를 꿈꾸게 하는 곳이다. 실제로 만나는 센트럴 파크는 영화를 그대로 옮겨놓은 듯하다. 푸른 잔디에 앉아서 사락사락 종이를 넘기며 책을 읽는 사람들, 벤치에 앉아 커피를 마시며 조용히 대화를 나누는 연인들, 강아지와 함께 마음껏 뛰어노는 아이들, 그리고 나무 사이로 부딪히는 바람 소리가 센트럴 파크의 정취를 한껏 끌어올린다.

끝없이 늘어선 자동차, 빽빽한 빌딩숲 사이의 거대한 공원 센트럴 파크가 이토록 오랫동안 자리를 지키리라 예상한 사람이 있을까? 센트럴 파크는 이제 뉴욕 최고의 관광지이자 아이콘이며 랜드마크가 되었다. 성장의 속도가 붙으면 잊어버리게 되는 것이 많은 현대사회에서 이 거대한 공원을 만들기로 한 미국인들의 혜안에 새삼 감탄하게 된다.

Adopt-a-Bench

센트럴 파크
벤치의 추억

어답트 벤치

뉴욕에 온 첫해, 센트럴 파크에 자주 들렀다. 이토록 큰 공원을 언제 다 밟아볼 수 있을지 아득해서 일부러 더 가려고 했던 것 같다. 몇 년 살다 보니 그런 건 아무 의미 없다는 걸 깨달았지만. 특히 가을에는 나무에서 낙엽 떨어지는 모습이 실시간으로 그려지는 풍경화 같아서 벤치에 오래도록 앉아 풍경을 감상하곤 했다. 하루는 벤치 옆자리에 앉은 백발의 할아버지가 나에게 말을 걸었다. 지금 앉아 있는 벤치가 자신의 벤치라고 했다.

순간 공공장소에서 '내 벤치'를 운운한다는 것이 이상하다고 생각했지만 농담 같지는 않았다. 어리둥절해 하니 그가 벤치 상단에 박힌 동판을 두드렸다. 거기 적힌 연인의 이름 중 하나가 자신의 것이라고, 몇 년 전 아내와 함께 센트럴 파크에 기부를 하며 이 벤치에 문구를 새겼다는 이야기를 들려주었다. 지금은 작고한 아내를 그리며 한번씩 이곳을 찾는다고 했다.

센트럴 파크에는 약 만 개의 벤치가 있고 그중에서 3분의 1 정도의 벤치에 이렇게 동판이 새겨져 있다. 이른바 어답트 벤치^{Adopt-a-Bench}다. 센트럴 파크는 공공 공원이지만 개인의 기부와 기업의 후원을 통해 운영되고 있는데 특히 개인의 기부를 북돋기 위해 벤치를 '입양'(어답트는 '입양하다'라는 뜻이 있다) 보내는 제도를 만든 것이다. 1만 달러를 기부하면 기부자가 원하는 문구를 동판에 새겨 벤치에 붙여준다. 벤치마다 누군가를 향한 달콤한 고백부터 가족에 대한 사랑까지 갖가지 사연이 가득하다.

센트럴 파크는 운영비를 마련하고 기부자들은 세계 최고의 공원에 자신의 이야기를 담고, 그 덕에 이용객들은 편안하고 깨끗한 공원을 즐길 수 있다. 좋은 아이디어와 좋은 마음이 만난 선순환으로 센트럴 파크는 진정한 공공의 공간으로서 역할을 하고 있다. 부러운 공간이며 부러운 운영 방식이다.

1만 달러는 2024년 봄 환율로 계산하면 1400만 원 정도가 된다. 당연히 큰 금액이지만 센트럴 파크를 누리는 이들에게는, 그리고 뉴욕에서 살아가는 이들에게는 추억과 기억을 '나의' 벤치에 남길 수 있는 게 더 값지게 느껴질 수도 있다. 아내와의 추억을 회상

IN MEMORY OF
A.V.

IN MEMORY OF
R.C.B.

하며 자신의 벤치를 찾아온 할아버지 같은 이에겐 말이다. 뉴욕에 잠시 머무는 사람에게도 어답트 벤치는 큰 힘이 된다. 벤치에 새겨진 문구를 읽으면 사람이라면 누구나 비슷한 감정을 느끼고, 크게 다르지 않은 삶을 사는구나 싶어서 뉴욕 생활에서 느끼는 외로움이 덜어지기 때문이다.

어답트 벤치에 분노와 혐오, 악이 담긴 메시지는 없다. '나만의' 벤치에 그런 단어를 새길 사람이 어디 있을까. 사랑, 가족, 행복과 같은 마음이 몽글몽글해지는 문구가 가득하다. 물론 추모의 메시지도 꽤 되니 슬픔과 그리움도 느껴지지만, 이 또한 사랑하는 존재가 있었기에 따라오는 것들이라 생각하면 결국은 모든 말들이 따스하게 읽힌다. 나라면 무슨 말을 남길까. 나 역시 다른 사람과 별반 다르지 않다. 가족의 이름을 새기며 내가 사랑하는 사람 모두가 행복하기를 빌 것 같다. 언젠가 센트럴 파크에 다시 가게 된다면 새로운 메시지를 더 찾아봐야겠다. 그때 느꼈던 몽글몽글한 마음을 다시 한번 느끼고 싶다.

뉴욕에서 오래된 건물을
지키는 이유

라디오시티 뮤직홀

×

1260 6th Ave, New York, NY 10020
www.msg.com/radio-city-music-hall

미국은 비교적 역사가 짧은 나라다. 뉴욕 또한 지금은 '세계의 수
도'라는 별칭을 가질 만큼 미국을 대표하는 대도시지만 20세기에
야 성장하고 확장된 짧은 번영의 역사를 가지고 있다. 그러나 뉴욕
은 자리를 잡은 이후, 곳곳에 역사를 간직하고 그 역사를 이어가려
는 노력을 하고 있다. 고대 문명의 건축물처럼 수천 년의 역사가 담
겨 있지는 않지만 뉴요커를 위해, 미국이라는 나라의 자부심을 드
러내기 위해 한번 만든 건물을 최대한 그대로 사용하고 보존하려
는 것이다.

　라디오시티 뮤직홀이 바로 그 대표적인 건물이다. 미국의 가장
유명한 건축가 중 한 명인 에드워드 듀렐 스톤^{Edward Durell Stone}이 지

은 건물로 한 블록 길이의 건물을 설계해 세간을 이목을 끌었다. 1932년 록펠러 센터 거리에 문을 열었는데 그 당시 미국은 1929년 대공황의 여파로 경제 위기가 진행 중인 상황이었다. 기업들이 줄줄이 도산하고 실업자가 넘쳐났지만 그럼에도 록펠러 2세는 "평범한 뉴요커도 큰 부담 없이 고품격의 대중 예술을 즐길 수 있는 공연장을 만들겠다"라는 꿈을 품었고, 마침내 라디오시티 뮤직홀을 개관했다. 100여 년의 역사를 자랑하는 이곳은 지금도 세계에서 가장 큰 실내 공연장으로서 활발하게 공연을 올리고 있다.

빨간빛으로 빛나는 큼지막한 네온사인 간판만으로도 사진을 찍으려는 사람들이 문전성시를 이루는 곳이지만 라디오시티 뮤직홀의 진가는 겨울에 발휘된다. 뉴욕에 사는 10년 동안 겨울에 뉴욕을 찾는 친구들은 어김없이 이곳에서 열리는 '라디오시티 크리스마스 스펙타큘러' 공연을 보러 온다. 뉴욕 겨울 여행의 필수 코스 중 하나가 바로 이 공연이다. 덕분에 나도 거의 매해 스펙타큘러 공연을 본 듯하다.

스펙타큘러Spectacular는 1933년부터 매년 크리스마스를 맞이해 열리는 유서 깊은 공연이다. 1925년 창설된 라디오시티 뮤직홀 전속 무용단 로켓Rockettes이 출연한다. 규모 또한 대단해서 140여 명의 댄서와 음악가들이 등장해 화려하면서도 아름다운 공연을 보여준다. 내용은 다소 교훈적이다. 미국이란 나라가 언제 어디서 시작되었고 어떻게 발전되어 왔는지 할아버지가 손자에게 전달하는 방식이다. 콜럼버스가 아메리카 대륙에 도착한 이야기부터 시작해 노래와 춤으로 미국의 역사가 관객들에게 전달된다. 여행자에게는 미국을 이해하기에 더없이 좋은 공연이고, 미국인에게는 자국의 역사를 이해하는 교육용으로 좋은 공연이다. 중간중간 영어를 쓰긴 하지만 뮤지컬이 아닌 쇼에 가까워서 알아듣지 못해도 누구든지 신나게 즐길 수 있다.

발레와 현대무용, 탭댄스 등 장르를 가리지 않는 무용수들의 신나는 움직임, 공연장 전체에 울려퍼지는 캐럴에 모두들 공연에 몰두한다. 관광객은 물론이고 가족 단위의 관람객도 많은데 나이 지긋한 노신사도, 어린아이도 눈을 반짝이며 몰입하는 모습을 보면 미국의 역사를 공연으로 즐기며 가족만의 역사를 만들어가는 모습이 아름답게 느껴진다. 나와 내 친구의 역사에도 소중하고 반짝이는 인생의 한 페이지로 남을 테다.

공연이 끝나고 나오는 길엔 많은 사람들이 손마다 커다란 팝콘통을 들고 있다. 팝콘이 여기 특산품이라도 되는가 했더니 이 팝콘통이 오래전부터 라디오시티 뮤직홀을 대표하는 기념품이란다. 상당히 부피가 커서 기념품이라고 하기엔 좀 과하지 않나 싶지만 식지 않은 공연의 열기에 잔뜩 흥분해 있는 친구에게 굳이 말하진 않았다. 고이 모셔 가 어딘가 잘 간직해 두었길.

라디오시티 뮤직홀은 겨울에 가서 스펙타큘러 공연까지 보고 올 수 있으면 더할 나위 없겠지만 그렇지 않더라도 가봄 직하다. 백스테이지를 견학할 수 있는 '스테이지 도어 투어' 상품이 있는데 상시적으로 열리니 계절에 관계 없이 라디오시티 뮤직홀을 견학할 수 있다. 100년의 역사와 세계 최대 규모를 자랑하는 공연장을 그저 둘러보는 것만으로도 즐거웠다는 사람이 많다. 운이 좋으면 공연을 준비하는 댄서들의 리허설 구경도 할 수 있다고 한다.

라디오시티 뮤직홀에서는 종종 대학 졸업식이 매년 열리기도 한다. 상업적인 장소를 수익을 위해 활용하는 것이 아니라 문화적으로 활용하는 것에 큰 의미를 담아 진행하는 것 같다. 물론 이 건물의 가치를 알고 잊어버리지 않는 뉴요커들이 있기에 이런 행사도, 이 건물도 유지되고 있을 것이다. 비교적 짧은 역사라 해도 지나간 시간을 기리고 보존하기 위해 애쓰는 사람들이 있어 미국이 문화 대국으로 더 번영하고 있는 것은 아닐까. 이렇듯 뉴욕에서 역사 깊은 건물을 보존하고 활용하는 모습을 볼 때 종종 부러움을 넘어 질투를 느낄 때가 있다. 우리 또한 사라져 가는 것들에 조금은 아쉬워하는 마음을 품었으면 좋겠다.

미국이 아이의 탄생을
맞이하는 법

백악관 축하카드

어쩌다 보니 아이를 뉴욕에서 낳게 되었다. 의도한 건 아니었지만 미국에서 아이를 낳게 되면서 이런저런 걱정이 많았다. 친정 부모님도 안 계시고 남편과 단둘이 있으니 혼자 출산과 육아를 준비해야 한다는 사실이 무서웠다. 그렇지만 돌이켜 생각해 보면 미국에서 임신을 하고 임산부로서 열 달을 지내고 또 아이까지 출산해 기른 경험은 무척 소중하고 좋은, 그립기까지 한 경험이었다.

"축하해요!" 배가 불러오기 시작하면서부터 가장 많이 들은 말이다. 미국은 한국보다 스몰토크 문화가 더 발달한 나라이긴 하지만 무턱대고 아무 때나 아무 사람에게 말을 걸진 않는다. 그런데 임신하고서부터는 매우 자주, 매일이라고 해도 과언이 아닐 만큼 많은 사람들의 관심과 축하, 배려를 받았다. 할머니, 할아버지들은 멀리서부터 내 부른 배를 보면 웃으며 다가온다. "임신했구나. 축하해!"부터 "임신한 지 얼마나 됐니?" "불편한 건 없니?" "첫 출산이니?" 등 이것저것 물으며 관심을 표한다. 젊은이들 또한 마트나 엘리베이터에서 말은 없어도 따뜻한 미소와 함께 축하하는 눈빛을 보낸다.

병원에서 아이를 출산할 때도 마찬가지였다. 출산하는 병실은 수술실이나 병실 느낌이 아니라 가정집 방 같았다. 덕분에 편안한 분위기에서 아이를 낳을 수 있었다. 출산 후 처치를 다 끝낸 후에도 의료진들은 오래 내 곁에 머물며 나의 건강을 살피고, 돌아가며 아이를 축복하는 말을 한마디씩 해주었다. 진짜 가족은 물론이고 가족처럼 내 곁을 떠나지 않고 축하와 환영을 보내는 의료진들 덕에 탄생 순간 많은 축복을 받은 내 아이가 평생 그 누구보다도 사랑받고 행복할 것 같았다.

"사랑스럽구나!" 아이를 낳은 뒤부턴 이 말을 제일 많이 들었다. 어디에서든 아이의 존재를 환영했다. 일상에서 아이의 존재를 반기지 않는 곳은 거의 없었다. 어느 가게든 아이가 놀 수 있는 공간이나 아이가 먹을 수 있는 키즈 메뉴, 아이가 앉을 수 있는 베이비 체어가 구비되어 있었다. 그리고 늘 아이를 보며 "너 정말 예쁘구나" "귀여운 아이가 왔구나" 등의 말을 건네며 웃어주었다.

미국에서 아이를 낳으면 특별한 이벤트가 하나 더 있다. 백악관 웹사이트에 신청하면 아이의 탄생을 축하하는 축하카드를 보내주는 것이다. 출산뿐만 아니라 80세가 넘는 이의 생일, 50주년, 60주년, 70주년 등의 결혼기념일, 시민권 취득 등 다양한 인륜지대사에 백악관에서 축하의 인사를 보낸다. 나는 당시 대통령이었던 버락 오바마와 영부인 미셸 오바마의 카드를 받았는데, 미국에서 내 아이를 환영하고 보호해 준다는 느낌이 들어 무척 행복했던 기억이 난다.

지금도 그 카드는 소중히 간직하고 있다. 아이가 크면 선물로 전해줄 생각이다. 카드를 건네며 너의 탄생과 성장을 축하하는 이가 무척이나 많았음을, 너를 가진 순간부터 키우는 시간 동안 들은 축하congratulation와 감탄Adorable의 말이 정말 헤아릴 수 없이 쏟아졌음을 알려줄 참이다. 아이가 존재 자체만으로도 많은 이들에게 기쁨이 되었다는 사실을 안다면 성인이 되어 힘들거나 슬픈 일이 있을 때 조금이나마 견딜 수 있는 힘이 되어주지 않을까 싶다.

그러고 보면 3억 명이 넘는 인구가 살고 있는 미국에서, 대통령이 직접 사인해서 축하해 주는 카드 한 장이 이 나라에서 한 사람을, 시민을 어떻게 생각하는지를 단적으로 보여주는 듯하다. 임산부와 아이에게 열려 있는 사회 분위기도 존경스럽다. 한국의 저출생이 문제가 되는 요즘, 노키즈존으로 설왕설래하는 뉴스 기사를 보면 한없이 따사로웠던 미국에서의 그때가 생각난다.

Estelle Hyejoo Lee

THE WHITE HOUSE
WASHINGTON

Welcome to the world! Your arrival is a cause for great celebration
our proud family. We wish you a long and happy life filled with cha
learn, ideas to explore, people to love, and dreams to fulfill.

Sincerely,

지폐로 만들어낸
행운의 아이템

2달러 지폐

우리나라는 화폐가 1, 5로 떨어지는 게 익숙하다. 천 원권, 오천 원권, 만 원권, 오만 원권을 사용하기 때문에 이천 원권이나 이만 원권을 사용하는 모습은 상상이 잘 되지 않는다. 이에 반해 미국에서는 1, 2, 5 체계의 화폐 단위를 사용한다. 1달러, 2달러, 5달러, 10달러, 20달러, 50달러, 100달러를 사용해 지폐의 사용이 좀 더 용이하다. 우리나라나 미국이나 신용카드 사용이 많아져 지폐 사용은 점점 줄어들고 있지만 말이다.

미국에 가기 전, 우연히 남편 지갑에서 발견한 것이 2달러짜리 지폐와의 첫 만남이었다. 왜 지갑에 달러를 넣고 다니느냐 물었더니 남편이 미국에서는 2달러 지폐를 행운의 부적처럼 여기며 많은 사람들이 서로 선물한다고 했다. 실제로 미국에는 어떤 가게를 가도 2달러짜리 지폐가 코팅되어 부적처럼 매장 벽에 붙어 있다고. 과연 미국에 가니 종종 2달러를 선물받을 수 있었다. 제일 처음 나에게 선물해 준 이는 한 스님이었다. 내가 다니던 뉴욕의 불광선원에서는 새해를 맞이하는 행사를 벌이곤 했는데, 그 자리에서 스님께 세뱃돈으로 2달러를 받았다. 처음 갖게 된 행운의 2달러, 받고 보니 지갑을 열 때마다 누군가 나를 위해 마음을 써서 준 작은 선물을 들여다보는 것 자체만으로 마음을 따뜻하게 해주는 힘이 있다는 걸 알게 됐다. 그 뒤로 나도 한국에서 온 친구들, 같이 일하게 된 동료들을 포함해 많은 사람들에게 기회가 될 때마다 2달러 지폐를 선물하곤 했다. 2024년 봄 환율을 기준으로 대략 2800원쯤 되니 주는 이나 받는 이나 부담스럽지도 않다.

사실 1900년대 초까지만 해도 2달러는 불운의 상징이었다고 한다. 2달러를 가진 사람들은 꼭 지폐의 가장자리를 조금 찢어 불운을 제거하는 듯한 의식을 치른 뒤 사용했다고. 이러한 불운의 아이콘이 1900년대 중반부터 행운의 아이콘으로 완전히 탈바꿈했다.

그 유래에 대해서는 의견이 많은데, 가장 유명한 설로는 1960대 영화 〈상류상회〉에 출연했던 배우 그레이스 켈리에게 미국의 유명 가수 프랭크 시나트라가 2달러를 선물했고 이후 그레이스 켈리가 모나코의 왕비가 되면서 2달러가 행운의 상징이 되었다고 한다. 또

다른 설은 미국의 어느 배 한 척이 바다에서 풍랑을 만나 전복되고 말았는데, 모든 선원이 물에 빠져 죽었고 단 한 사람만이 살아남았다. 그런데 그의 주머니에 2달러 지폐가 있었고 그 선원의 목숨을 살린 것이 2달러가 아니냐는 이야기가 나오면서 행운의 상징이 되었다는 얘기도 있다.

이제 2달러 지폐는 돈 자체의 가치보다는 행운의 달러로의 가치가 더 크다. 1달러만큼 자주 사용되지 않아서인지 발행 자체도 적은 편이다. 행운의 부적으로서 2달러의 이야기가 전 세계로 퍼졌으니 더욱더 희귀해진 실정이다. 실제로 미국에서 선물을 위해 2달러를 구하려 하니 아무 은행에서나 2달러로 바꿔주지 않았다. 주거래 은행에서 볼일을 볼 때 따로 은행원에게 부탁을 해야만 소량을 겨우 구할 수 있을 정도였다.

유래가 어떻든 간에 불행의 아이콘이 행운의 부적으로 완벽하게 변신한 희귀하고도 특이한 사례다. 2달러 지폐를 볼 때마다 새삼 스토리텔링의 힘이 얼마나 무서운 것인지 느끼기도 한다. 진위야 어찌됐든 내가 사랑하는 이들에게 이렇게라도 행운을 건네줄 수 있어서 좋다. 그런 마음으로 소중히 2달러를 간직하고 2달러를 선물하기도 한다. 누군가에게 행운을 선물하고 싶은 마음 그 자체가 행운이자 행복이기도 한 것 같다.

Chap

ter 4

—————————————— 맛,

마음까지
열고 닫는
음식의 힘

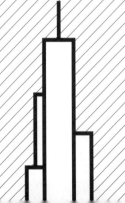

뉴요커라면
한 손엔 반드시 커피를

뉴욕의 커피

미국의 시사주간지 《뉴요커》의 표지 일러스트레이터이자 그림책 '꼬마 니콜라' 시리즈로 유명한 장 자크 상페Jean Jacques Sempe란 화가가 있다. 이름에서 알 수 있듯 프랑스 사람이지만 《뉴요커》 표지 화가로 활동하며 꽤 오래 뉴욕에 머물렀다. 그는 훗날 프랑스인의 눈으로 본 뉴욕에 관한 단상을 그림과 편지로 엮어 『뉴욕 스케치』라는 책을 출간하기도 했는데 그가 그린 뉴욕 풍경에는 커피를 들고 걸어다니는 사람들의 모습이 유독 많이 등장한다. 느긋하기로 소문난 프랑스인의 눈에 커피를 음미할 시간도 없이 들고 뛰듯이 거리를 활보하는 뉴요커들의 일상이 신기했나 보다.

나 또한 뉴욕에 막 발 들였을 때 장 자크 상페와 같은 심정이었는데 그 이야기를 하니 한 친구가 나에게 말해주었다. "뉴요커라면 뜨거운 커피를 마시면서 길을 걸을 줄 알아야 한다"라고. 바쁜 도시 뉴욕에서 일상을 보내기 위해서는 뜨거운 커피를 잘 마실 수 있어야 하며, 더불어 카페인으로 활력을 충전해야 한다는 두 가지 의미를 담고 있는 말인 듯했다.

되돌아보니 뉴욕 생활 10년 동안 나도 뉴요커들 못지않게 커피를 자주 들고 걸었다. 급하게 출근하면서 조금이라도 식히기 위해 후후 불어 뜨거운 커피를 재빨리 들이켜는 요령이 생겼다. 그렇게 커피를 한 모금 넘기면 온몸이 따뜻해지면서 카페인이 도는 것이 느껴졌다. 그렇다고 매번 그렇게만 커피를 마신 건 아니다. 좋아하는 랄프 커피에서 책을 읽으며 향 좋은 커피를 음미하기도 했고 더운 여름날, 공원의 나무 그늘 아래 벤치에서 친구를 기다리며 커피를 마시기도 했다.

커피라고 묶어 말하기엔 세상에 너무 많은 커피가 있지만 역시 뉴욕 하면 아메리카노부터 떠올릴 것이다. 이탈리아에서는 작은 잔에 담긴 쓴 에스프레소를 즐기고, 일본에서는 천천히 내리는 핸드드립 커피를 즐기지만 뉴욕은 에스프레소에 뜨거운 물을 넣은 아메리카노를 즐긴다. 그 이름조차 미국을 뜻하는 '아메리카노'다. 물론 뉴욕에도 핸드드립 커피를 만드는 곳이 있고 모카포트를 사용하는 곳도 있다. 그렇지만 신선한 원두를 로스팅하여 큼지막한 에스프레소 머신에서 뽑아내는 뜨거운 아메리카노는 뉴욕 거리에서 뿜어대는 수증기만큼 뉴욕과 잘 어울린다. 유럽과 다르게 아이스 아메리카노가 존재하는 것 또한 한국 사람으로서는 감사한 일이다.

내가 커피 맛에 예민하지 않아서일 수도 있지만 뉴욕은 어디를 가나 기본적으로 만족스러운 커피를 맛볼 수 있다. 아메리카노는 물론이고 길거리의 델리 가게에서 파는 커피도, 세련되게 꾸며진 카페의 라테도 취향이나 기분에 따라 골라 마실 수 있다. 다양한 방식으로 내린, 다양한 종류의 커피를 이것저것 즐길 수 있는 것도 뉴욕의 매력 중 하나다.

—

델리^{Deli} 가게

뉴욕 거리를 거닐다 보면 '델리^{Deli}'라는 간판이 흔하게 눈에 띈다. '델리'는 '델리카트슨^{Delicatessen}'이라는 말을 줄인 것으로 1800년대 유럽에서 이민 온 유대인들이 만든 음식점 형태다. 그래서인지 지금도 델리 가게 주인은 유대인이나 아시아인들이 주를 이룬다.

전부 다 델리 가게라고 퉁쳐서 부르긴 하지만 미리 만들어놓은 샌드위치류나 샐러드 등을 파는 조그만 가게에서부터 식료품까지

구비해 놓은 가게가 있는가 하면 주문을 받고 각종 음식을 만들어 주는 카페테리아까지 그 규모와 성격이 무척 다양하다. 맨해튼 거리 골목골목마다 델리 가게들이 즐비하다. 그곳에서 뉴욕 사람들은 간단하게 끼니를 때우기도 한다. 바쁜 직장인이나 학생들이 샌드위치나 베이글과 함께 1~2달러짜리 델리 가게 커피를 사들고 나간다.

델리 가게에서 파는 커피는 일반 카페에서 파는 커피와 다르다. 보통의 카페에서 에스프레소 머신을 사용해 아메리카노를 만들어준다면 델리 가게에서는 '레귤러 커피'라 부르는, 커피 메이커 머신으로 내린 커피를 주전자처럼 생긴 포트로 따라준다. 픽업대 옆에는 크림과 설탕, 따뜻한 우유가 구비되어 있어 기호에 따라 추가해서 마실 수 있다. 특별한 맛은 아니지만 진하지도 연하지도, 산미가 강하지도 쓰지도 않은 '레귤러' 커피가 어느 델리 가게에서든 부담 없는 가격으로 손님을 반긴다. 사실 판매량으로만 보면 아메리카노보다 이 레귤러 커피가 더 많이 팔린다고 하니, 어쩌면 델리 가게 커피야말로 진짜 뉴욕을 대표하는 커피일지도 모른다. 바삐 돌아가는 회색 도시에서 걷는 동안에도 잠시나마 속을 따뜻하게 데워주고 덜 깬 아침잠을 깨워주는, 생존을 위한 커피란 의미에서 말이다.

랄프 커피 Ralph's Coffee

마르셀 프루스트의 자전적 소설 『잃어버린 시간을 찾아서』에서는 주인공 마르셀이 마들렌을 홍차에 적셔 먹는 순간 어린 시절의 추억을 떠올리며 이야기가 시작된다. 미국을 대표하는 패션 브랜드 랄프 로렌을 설립한 랄프 커피 또한 기업의 창업자인 랄프의 추억에서부터 시작됐다. 유대인 이민자 출신으로서 아메리칸 드림을 이뤄낸 그는 몇 조에 달하는 재산을 가진 부자 중의 부자이지만 자주 과거를 그리워하곤 했다. 특히 그는 커피 향을 맡으면 가족, 친구, 사랑하는 이들과 함께한 날들이 떠올랐는데, 바쁜 일상에서도 추억을 되새길 수 있는 커피 향을 맡고 싶어 랄프 커피를 열었다고 한다. 랄프 커피는 전 세계에 지점을 두고 있는데 뉴욕에는 두 개의 지점이 운영 중이다.

'뉴욕' 하면 떠오르는 브랜드이자 가장 미국적인 브랜드라 불리는 랄프 로렌에서 카페를 열었으니 얼마나 미국적인 분위기일까 싶은 호기심을 안고 랄프 커피를 방문했다. 앞치마를 입고 커피잔을 든, 랄프 로렌의 마스코트인 커다랗고 귀여운 테디 베어가 제일 먼저 고객들을 맞이한다. 매장 직원들도 테디 베어처럼 랄프 로렌 감성 낙낙한 체크 무늬의 앞치마를 두르고 일하고 있다.

실내는 전체적으로 랄프 로렌의 브랜드 컬러인 그린 컬러를 화이트와 조화롭게 매치해 꾸며놓았다. 미국 중산층 가정집 같은 따뜻한 분위기가 느껴진다. 야외 또한 그린과 화이트의 차양막 아래 햇빛을 피하며 커피를 마실 수 있는 테이블을 마련해 두어 커피를 마시며 대화를 나누거나 생각에 잠기기 좋다.

　커피는 대체적으로 신맛보다 구수한 맛이 강하다. 특히 랄프 커피의 아메리카노는 두꺼운 컵 때문인지 따뜻함이 오래가 더 맛있게 느껴진다. 이곳은 아메리카노만큼이나 라테도 인기가 좋다. 창업자가 바랐던 것처럼 가족이나 친구, 사랑하는 이와 커피를 함께 마시며 추억을 쌓기에 더할 나위 없는 곳이다. 커피가 현대인들의 일상에 스며들었다고 해도 과언이 아닌 시대, 우리가 카페를 자주 찾는 이유를 단순히 커피에서만 찾을 수 없다. 맛있는 커피를 마시기 위해서이기도 하지만 이제는 커피를 마시는 시공간을 소비하기 위해 카페를 방문하는 시대다. 그러니 랄프 커피에서 커피를 즐긴 경험은 랄프 로렌 특유의 프레피preppie 감성이 인테리어나 옷 스타일뿐만 아니라 커피에서도 느껴지는 듯한 공간에서 시간을 보내는 문화적 체험으로서 가치 있는 일이다.

블루보틀 커피 Blue Bottle Coffee

심플한 모양의 파란색 병 모양을 로고로 쓰는 블루보틀은 스타벅스가 탄생한 이후 프랜차이즈 카페에 대한 이론이 어느 정도 정립된 커피 시장에 새로운 장을 열었다. 2002년에 캘리포니아에서 시작한 블루보틀은 정말 맛있는 커피를 만들기 위해 스페셜티 커피만을 로스팅해 48시간 이내에 사용하고, 핸드드립으로만 커피를 내려 커피 맛에 집중한다. 《뉴욕타임스》에서는 '스타벅스가 마이크로소프트라면 블루보틀은 애플'이라고 칭했는데 그만큼 힙하면서도 개성 있는 카페의 상징이 되었다.

애플은 전자기기만을 파는 것이 아니라 하나의 문화를 만듦으로써 세계적인 기업이 되었다. 블루보틀 또한 단순히 커피를 파는 것이 아니라 커피 문화를 만드는 모습을 보여준다. 블루보틀이 추구하는 가치는 '신선한 커피를 마신다'이다. 좀 더 깊이 들여다보면 이 가치는 동양의 다도 문화와 닮아 있다. 음료를 내리고 마시기까지 정성을 다하고 집중한다는 점에서 그렇다. 블루보틀은 매장 내에 핸드드립 바를 오픈형으로 보여주고, 핸드드립으로 천천히 내리는 모습을 고객들에게 공개한다. 마치 차를 즐기는 것처럼 천천히 커피의 향을 음미하고 맛을 보게 하는 블루보틀의 커피를 그래서 '슬로 커피'라고도 부른다.

ESPRESSO
DECAF AVAILABLE

HAYES VALLEY ESPRESSO 4
NOTES OF BAKING CHOCOLATE, ORANGE ZEST, BROWN SUGAR — 0 cal

SINGLE ORIGIN ESPRESSO 5
ROTATES SEASONALLY. BRIGHT, EXPRESSIVE, NUANCED — 0 cal

CAPPUCCINO 6
ESPRESSO WITH A SHORT POUR OF STEAMED MILK — 45-140 cal

CAFFÈ LATTE 6.25
ESPRESSO WITH A LONG POUR OF MILK, ICED OR HOT — 60-230 cal

SAFFRON VANILLA LATTE 7.75
ESPRESSO WITH MILK, PURE VANILLA, SAFFRON, ICED OR HOT — 50-250 cal

SWEET LATTE 7.25
LATTE WITH MUSCOVADO SUGAR, ICED OR HOT — 70-250 cal

CAFFÈ MOCHA 7.25
LATTE WITH TCHO CHOCOLATE GANACHE, ICED OR HOT — 210-360 cal

2,000 calories a day is used for general nutrition advice, but calorie needs vary. Additional nutrition information available upon request.

NEW ORLEANS-STYLE COFFEE

NOLA 12 oz 5.75 16 oz 6.75
BLUE BOTTLE'S SWEET, CREAMY CHICORY COFFEE, ICED OR HOT — 60-130 cal

SAFFRON VANILLA NOLA 12 oz 6.25 16 oz 7.25
PURE VANILLA WITH BRIGHT FLORAL SAFFRON, ICED OR HOT — 60-190 cal

NOLA SHAKERATO 8
ICED NOLA, VANILLA, CHICORY, SHAKEN — 80-140 cal

COFFEE

GIANT STEPS BLEND 5
NOTES OF COCOA, TOASTED MARSHMALLOW, GRAHAM CRACKER — 0 cal

SINGLE ORIGIN 6
ROTATES SEASONALLY. BRIGHT, EXPRESSIVE, NUANCED — 0 cal

COLD BREW BLEND 12 oz 5.5 16 oz 6.5
ROTATING SELECTION OF OUR ICONIC BLENDS

Drinks made with oat milk. Sub almond milk for $1.

TEA AND MORE

MATCHA LATTE 12 oz 6.5 16 oz 7.5
STONE-GROUND MATCHA FROM KYOTO, ICED OR HOT — 50-220 cal

HOT CHOCOLATE 6
TCHO CHOCOLATE GANACHE WITH STEAMED MILK — 280-490 cal

TEA 12 oz 5 16 oz 5.75
BLACK, GREEN, OR HERBAL — 0 cal

SPARKLING

FIZZ 12 oz 5 16 oz 6
CASCARA COFFEE CHERRY OR LEMON YUZU — 35-70 cal

에스프레소 머신을 사용하는 다른 카페와 다르게 주문 후 조금 기다려야 하는 불편함이 있지만 그 감정은 커피를 마시는 순간 사라진다. 사실 매장을 방문하면 워낙 사람이 많아 블루보틀이 지향하는 만큼 '슬로우하게' 커피를 음미하기란 쉽지 않다. 그래서 뉴욕에서 블루보틀을 방문하게 된다면 되도록 테이크아웃 잔에 담아 밖으로 나와 마시기를 권한다. 브라이언 파크 앞이라든지 센트럴 파크 근처에 느긋하게 있을 수 있는 곳에 자리 잡아 눈으로 풍경을 담고 코로 커피 향을 즐기고 입으로 맛을 음미하길 바란다. 바쁘게 돌아가는 뉴욕 일상 속 일시 정지 모드로, 장 자크 상페와 같이 이 방인의 눈으로 보는 뉴욕의 모습이 당신에게 어떻게 비춰질지 궁금하다.

Babbo

맛있어서 늙는 것조차
잊어버릴 식당

밥보

×

110 Waverly Pl, New York, NY 10011
www.babbonyc.com

뉴욕에 가면 너무 맛있어서 늙는 것조차 잊어버릴 정도의 식당이 있다. "Al tavolo non s'invecchia mai", 이탈리아어로 "맛있는 음식을 먹으면 행복해서 늙지 않는다"라는 뜻이다. '밥보'라는 이탈리안 레스토랑의 벽면에 적힌 문구다.

전 세계에는 다양한 이탈리안 레스토랑이 있고 뉴욕에도 이탈리아 이민자가 대거 자리 잡은 만큼 수많은 이탈리안 레스토랑이 있다. 그렇지만 다시 뉴욕에 간다면, 뉴욕의 그 많은 이탈리안 레스토랑 중에서 한 곳을 가야 한다면 나는 밥보에 갈 것이다. 뉴욕처럼 땅값이 비싸고 경쟁이 치열한 도시에서 20년 동안 한자리를 지키

고 있는, 유명하지만 유난스럽지 않은 이탈리아 식당이기 때문이다. 오래되긴 했지만 정갈한 매장에서, 트렌디하진 않지만 꾸준한 맛으로 승부 보는 이곳을 무척 좋아했고 자주 들르곤 했다. 맨해튼 내에서도 문화적으로 다양한 환경이 조성된 그리니치 빌리지에 있어 접근성도 좋았다.

특별한 메뉴랄 건 없다. 시그니처 메뉴가 있는 것도 아니고 이탈리안 레스토랑 하면 흔히 생각하는 파스타나 스테이크, 샐러드 같은 것들이 있다. 코스 요리를 주로 먹는 파인 다이닝 레스토랑이 아니어서 그날그날 먹고 싶은 메뉴를 단품으로 시켜먹으면 된다. 물론 와인은 되도록 곁들이는 것이 좋다. 맛있는 음식과 잘 페어링된 와인은 그날 식사를 더 풍요롭게 해준다. 음식들은 하나같이 본연의 재료를 최대한 활용하고 소스를 적게 사용한 편이다. 그래서인지 이탈리아 음식의 맛을 훌륭하게 표현해 냈다 평하는 사람이 많다.

무엇보다 밥보에 들어서면 가장 먼저 '따뜻하다'는 생각을 하게 된다. 포근한 오렌지색 조명 아래 마치 이탈리아 시골 마을의 작은 레스토랑에 온 듯, 꽃으로 장식된 동그란 중앙 테이블이 있는 베이지색 건물에 들어서면 진한 갈색의 원목 인테리어를 바탕으로 바닥에는 아름다운 카펫이 깔려 있다. 실내에는 다양한 술이 진열되어 있는 바와 하얀 테이블보가 깔린 테이블이 배치되어 있다. 따뜻한 실내에서 다정하게 식사를 즐기는 것도 좋겠지만 저녁 시간에 밥보에 왔다면 테라스 자리에 앉는 것이 가장 좋은 선택이다. 거리의 아스라한 불빛과 함께 지나가는 이들의 바쁜 발걸음을 보며 뉴욕만의 감성을 제대로 느낄 수 있기 때문이다.

별것 없어 보이는 이 평범함과 따뜻함이 밥보를 오랫동안 지켜주는 힘이다. 사람들은 으레 특별하고 화려한 걸 원한다고 생각하지만, 언제나 그런 것은 아니다. 유행을 좇아 세련된 분위기의 레스토랑에서 특별한 음식을 맛보는 것도 좋지만 매일을 그렇게 살 순 없다. 되레 일상에서 편하게 들를 수 있는, 친근하고 익숙한 식당을 더 자주 찾는 법이다. 그렇게 가벼운 마음으로, 맛있는 한 끼 식사를 하러 오는 사람들로 밥보는 늘 북적인다.

Grand Central Oyster Bar

'오직'
오이스터만

그랜드 센트럴 역 오이스터 바

×

89 E 42nd St, New York, NY 10017
www.oysterbarny.com

두껍고 큰 껍질 안에 담긴 신선하고 부드러운 굴에서는 바다의 향
이 그대로 묻어난다. 산지마다 저마다의 특징이 있어 비슷한 듯하
면서도 조금씩은 다른 바다 냄새가 굴의 풍미를 더욱 돋워준다. 뉴
요커들은 굴에 신선한 레몬을 살짝 뿌리거나 핫칠리 소스를 곁들
여 먹는다. 굴과 단짝이라 할 수 있는 소비뇽 블랑 한 잔을 더한다
면 굴은 최고의 안주이자 한 끼가 된다. 이처럼 신선한 굴을 저렴하
게 맛볼 수 있는 오이스터 바가 뉴욕 한복판이라 할 수 있는 42nd
스트리트의 그랜드 센트럴 역 안에 있다. 이름도 날것 그대로 '오이
스터 바'다.

그랜드 센트럴 역은 1871년에 건설되어 100년이 넘는 역사를 자랑하는 곳이다. 이 우아한 센트럴 역에 자리한 오이스터 바는 센트럴 역에서 가장 오래된 식당이다. 부드러운 아치형 입구에 들어서면 바 좌석과 테이블 좌석이 여유롭게 자리 잡고 있는데, 테라코타로 이루어진 아치가 고전적이면서도 장엄한 느낌을 준다. '오이스터' 하나만을 내세우는 곳임에도 엄청나게 큰 규모를 자랑한다. 서서 먹을 수 있는 바 자리도 많은데 역이라는 특성상 어디론가 이동하다가 배가 고파서, 기차 출발 시간 전에 잠시 나는 짬에 들러서 먹고 가기에도 좋다.

우리나라에서는 굴 껍질을 모두 벗겨서 먹는 경우가 많은데 이곳에서는 하프셸 방식으로 굴 껍질을 반 정도 남겨두고 얼음 위에 굴과 레몬, 식초, 핫칠리 등을 올려서 낸다. 굳이 한국의 굴과 비교하자면 미국 굴이 훨씬 크기가 크고 알이 굵은 편이다. 알이 커서 그런지 더 부드럽게 느껴지고, 치즈처럼 크리미하게 씹힌다. 처음에는 레몬즙만 뿌려서 굴의 깊은 맛을 음미해 보는 것을 추천한다. 비릿하지 않은 바다 향기가 물씬 나면서 단맛이 올라오는 굴은 신선함이 그대로 담겨 있다.

어느 겨울날, 한국에서 온 친구와 함께 오이스터 바를 방문했다. 한국말로 대화하는 우리를 보던 옆 테이블의 친절한 백인 할아버지가 미국에서는 이름에 'r'가 들어가는 달에는 굴이 맛있다며, 잘 왔다며 오늘은 '메인주에서 온 굴이 좋다'고 추천해 주었다. 그의 말대로 그날의 메인산 굴은 무척 달고 신선했다. 사실 계산해 보면 미국에서는 5월에서 8월까지 더운 시기만 빼고 모든 달에 'r'가 들어가니 1년의 3분의 2가 굴이 맛있다는 얘기지만, 우리는 정말 그렇다며 맞장구를 치고 할아버지와 이야기를 나누며 즐겁게 식사했다.

뉴욕 관광 코스에서 이미 맛집으로 유명세를 떨치고 있어 방문하면 뉴요커들보다 관광객들이 더 많긴 하지만 그램 수로 무게 재어 파는 신선한 굴을 저렴한 가격대로 부담 없이 즐길 수 있는 곳이라 한번쯤 들러볼 만하다. 진정한 맛집일수록 메뉴가 단출한 법이다. 오직 오이스터만으로 승부 보겠단 이곳만의 자신만만함을, 굴을 좋아하는 사람이라면 확인해 보는 것도 좋겠다. 9월부터 사람들이 붐비는데 날씨가 선선해지고 굴 수급과 유통도 더 편해지고 굴이 더욱 맛있어지기 때문일 것이다. 매일 수급 상태에 따라 다른 지역의 굴을 판매하는데, 손글씨로 적힌 듯한 메뉴판에서 그날의 굴 생산지를 알 수 있으니 롱아일랜드산, 코네티컷산으로 분류된, 그날그날 선도 좋은 굴을 골라 먹어보길 권한다.

Joe's Shanghai

따뜻한 국물이
전하는 힘

조스 상하이

×

46 Bowery, New York, New York, NY 10013
www.joeshangairestaurants.com

타지에서 살다 보면 입맛이라는 것이 얼마나 진득하고 깊은 것인지 느낄 때가 있다. 오랜 시간 외국에서 머무르니 자연스럽게 그 나라의 음식에 적응했다고 생각하지만 어쩌다 만나는 한국 음식에 전율에 가까울 만큼의 만족감과 함께 추억이 밀려들기도 한다. 뉴욕에 와 10년을 살면서 미국 음식에 익숙해졌다고 자부했지만 가끔 너무 달고 너무 짜고 때로는 느끼한 음식에 질려 국물을 떠올리게 되는 날이 있다. 그런 날에는 조스 상하이를 찾는다.

맨해튼 빌딩 숲 사이에 섬처럼 자리 잡은 차이나타운에 위치한 조스 상하이는 홍콩 요리를 전문으로 한다. 복작복작한 실내에 들

어서면 동그란 테이블에 자연스럽게 합석해서 식사를 즐기는 사람들의 모습을 볼 수 있다. 마치 홍콩의 한가운데 있는 듯하다. 이름만 봐도 맛있을 것 같은 수많은 메뉴가 나열된 메뉴판에서 우선 딤섬 샤오롱바오를 찾아 주문한다. 대나무 통에 든 김이 모락모락 나는 샤오롱바오를 숟가락에 올리고 만두피를 살짝 찢으면 진하고 기름진 국물이 흘러나온다. 이 국물이야말로 샤오롱바오의 정수다. 국물부터 호로록 마시면 몸속 깊은 곳까지 뜨끈해지면서 이내 배가 든든해진다. 만두피의 담백한 맛과 돼지고기의 고소한 맛도 씹을수록 조화로워 한 통을 비우는 동안에도 질리지 않는다. 따뜻한 샤오롱바오는 그 온기가 마음까지 덥혀주어 맨해튼 빌딩 숲을 다시 헤쳐나갈 용기까지 얻게 된다. 오아시스를 만나 잠시 몸과 마음을 충전하고 다시 거친 세상으로 나아가는 기분이랄까.

매일 사람들이 북적거리는 조스 상하이의 매력 중 하나는 언제가도 균일한 맛이다. 눈이 돌아갈 만큼 황홀하거나 고급스러운 맛은 아니어도 으레 '딤섬' 하면 기대하는 맛이나 향을 배신하지 않고 그대로 전달한다. 새로운 곳에 갔을 때 새로운 음식, 새로운 식당에 도전하고 또 그것이 여행의 맛이라 말하는 사람이 많지만 때로 그것이 부담될 때가 있다. 기운 없는 날, 마음이 울적한 날에는 보장된 식당, 실패하지 않는 음식, 이미 아는 그 맛에 기대고 싶어질 때가 있지 않나. 그런 의미에서 조스 상하이는 맥도널드를 닮았다. 전 세계 어딜 가도 똑같은 맛을 내는 맥도널드 빅맥처럼, 안전하게 우리를 만족시켜 주는 내가 아는 그 딤섬의 맛.

혼밥하기에도 좋아 여행객은 물론 직장인들도 점심이면 이곳을 찾는 사람이 많다. 혼자 가면 딤섬 하나로도 충분하지만 누군가와 함께 방문하면 다양한 메뉴가 궁금해서 이것저것 주문하고 그러면 부른 배를 감당할 수 없어진다. 이럴 때는 버닝 타임이 필요하다. 날씨가 좋은 날에는 센트럴 파크를, 날씨가 좋지 않을 때는 버그도프 굿맨 백화점을 한 바퀴 돈다. 시간 가는 줄 모르고 걷다 보면 놀랍게도 또 배가 고프다. 그때는 플라자 호텔에서 라즈베리 마카롱을 하나 산다. 몸과 마음을 데워주는 뉴욕의 맛집 덕분에 든든하고 행복한 뉴욕의 하루가 마무리된다.

뉴욕의 대표
스테이크

피터 루거

×

178 Broadway, Brooklyn, NY 11211
www.peterluger.com

뉴욕에 살면 손님 치레를 많이 하게 된다. 관광객으로 온 친구들이
가고 싶어하는 곳은 보통 몇 군데 정해져 있다. 그런데 유독 스테이
크만큼은 "네가 잘 아는 곳으로 추천해줘"라는 말을 많이 듣는다.
아무래도 '스테이크 하우스'의 원조가 미국인 만큼 맛있는 스테이
크에 대한 기대가 커서 그런 듯하다. 그럴 때면 나는 주저 없이 피
터 루거 스테이크 하우스로 향한다. 이미 아는 그 맛의 힘은 무섭
다. 피터 루거 스테이크는 떠올리기만 해도 입에 침이 고이고 지글
지글 고기 익는 소리가 들리는 것 같다. 클래식한 스테이크의 정수
를 보여주는 이곳은 사랑하지 않을 수 없고, 소개받은 이들 또한 만
족하는 곳이다.

피터 루거 스테이크 하우스는 1887년에 문을 열었으니 130년 이 넘는 역사를 가진 곳이다. 브루클린점과 그레이트넥점, 두 개의 지점이 있다. 주로 브루클린점을 방문했는데 세련되지 않지만 투박한 느낌의 실내가 전통과 권위를 말해준다. 미국에서 가장 오래된 레스토랑 중 한 곳이니만큼 연륜 있는 웨이터가 서빙하고 있다는 것도 특징이다. 나이 지긋한 할아버지들이 앞치마를 입고 접시를 나르는 모습을 보면 어쩐지 낯설기도 하다. 그렇지만 접시를 나르는 크고 투박한 손, 그 손에 주름으로 새겨진 세월의 흔적을 보고 있자면 왠지 정직하게 맛있는 음식을 줄 것 같은 믿음이 생긴다.

울프강이나 BLT보다는 좀 더 외곽에 위치해 있지만 어느 스테이크 하우스보다 이곳을 좋아해서 일부러라도 찾아가곤 했다. 피터 루거 스테이크의 시그니처 메뉴는 바로 '포터 하우스'다. 얼핏 보면 티본 스테이크와 비슷하지만 먹을 수 있는 고기 부위가 조금 다르다. 포터 하우스 스테이크는 마블링이 많고 쫄깃쫄깃한 맛이 일품인 뉴욕 스트립(채끝등심)과 버터처럼 부드러운 식감의 텐더로인(안심)이 T자 모양의 뼈 양쪽에 붙어 있다. 일반적인 티본 스테이크는 안심의 비율이 적은 편인데 포터 하우스 스테이크는 거의 반반의 비율로 두 가지 식감의 고기를 맛볼 수 있다. 그래서 많은 사람들이 포터 하우스를 더 찾는다. 또한 피터 루거 스테이크는 미국 상위 2퍼센트 이내의 최고 등급 소고기(USDA 프라임 소고기)를 자체적으로 드라이 에이징하는 등 엄격한 기준을 거친 고기만을 내

놓는다. 질 좋은 고기를 잘 구워 그 위에 버터 섞은 오일까지 올리면 풍부한 육즙과 감칠맛이 스테이크의 맛을 한층 더 끌어올린다. 이러니 사랑할 수밖에!

베이컨도 인기 메뉴인데 이 또한 우리가 흔히 알던 베이컨의 상식을 뒤엎는다. 오겹살쯤 되는 듯한 어마어마한 두께감에, 가공육이라기보다 잘 조미된 삼겹살을 먹는 듯하다. 이 맛 또한 피터 루거가 아니면 맛볼 수 없어 스테이크 말고 베이컨을 먹으러 오는 단골 손님도 꽤 있다고 한다. 먹어본 바로는 스테이크를 느끼하게 여기는 사람들에겐 베이컨도 대안이 될 수 있을 것 같다.

스테이크와 함께 곁들여 먹는 소스도 유명해서 따로 소스를 판매하기도 한다. 식사를 마치고 나면 금박 종이에 싸인 동전 모양의 초콜릿을 주는데 배가 불러 더 이상 디저트를 먹지 못할 때 입안을 깔끔하게 마무리해 준다. 포터 하우스만 시그니처라고 하기 민망할 정도로 시그니처 음식이 많은 곳이 바로 피터 루거 스테이크다. 스테이크나 베이컨 같은 요리와 그에 곁들여 먹는 소스, 후식으로 입가심할 초콜릿까지 메뉴 하나하나가 가게를 대표한다. 당연한 이야기 같지만 음식점의 최고 전략은 맛이다. 그런데 이런 당연한 사실을 잊은 가게가 많다. 화려한 인테리어, 현란한 광고가 아무리 눈길을 사로잡아도 결국 식당은 음식으로 사람들을 만족시키지 못하면 사라지고 만다. 피터 루거는 스테이크는 물론 모든 메뉴도 갖은 정성을 들여 맛있게 만드는, 음식점의 본질을 꿰뚫는 스테이크 하우스다. 이것이 바로 스테이크 강국에서도 오래된 역사를 자랑하는 피터 루거의 저력이다.

뉴욕 치즈케이크의
맛

주니어스

×

www.juniorscheesecake.com

뉴욕 하면 '치즈케이크'다. 뉴욕 사람들이 가장 즐겨먹는 케이크기도 하고 치즈 자체도 워낙 즐겨 먹기 때문이다. 실제로 뉴욕과 가까운 뉴저지에서 질 좋은 치즈가 생산되기 때문에 맛있는 치즈나 치즈케이크를 먹기에 좋은 도시다. 가끔 치즈케이크가 생각날 때는 자연스레 주니어스로 발걸음이 향한다. 오바마 전 대통령이 매장에 직접 방문해 사 가는 모습이 보도되면서 우리나라에서는 '오바마 치즈케이크' 가게로 불리기도 하는데, 1950년에 문을 연 치즈케이크 명가로서 오랫동안 자리를 지키고 있는 만큼 여전히 그 맛을 유지하고 있다.

주니어스에서 맛볼 수 있는 치즈케이크의 가장 큰 특징은 크림 치즈를 넣은 케이크라는 것이다. 뉴욕 치즈케이크를 '크림 치즈를 넣어 구운 치즈케이크'라고 따로 명명할 정도인데 그 기원은 1872년, 뉴욕 출신의 윌리엄 로런스^{William Lawrence}라는 낙농가가 프랑스의 '뇌샤텔^{Neufchatel}'이라는 치즈를 구현하려다 얼결에 만든 크림 치즈를 케이크에 넣어 사용한 데서 찾을 수 있다. 치즈 함유량도 무려 70퍼센트에 달하는데 치즈가 많이 들어간 만큼, 밀가루 비율이 높은 케이크보다는 치즈케이크 본연의 맛을 보여주며, 느끼하지 않고 진한 맛만 느낄 수 있어 많은 사람들에게 꾸준히 사랑받고 있다.

뉴욕에서는 "주니어스 치즈케이크를 먹기 위해 맨해튼 다리를 건넌다"라는 말이 있을 정도로 모두가 사랑하는 치즈케이크 가게로, 뉴욕에만 세 개의 매장이 있다. 네온으로 장식한 간판과 레트로한 분위기가 1970년대의 뉴욕을 그대로 옮겨 온 듯하다. 매장은 치즈케이크를 주로 팔지만 레스토랑이 바로 옆에 딸려 있어 식사도 할 수 있다. 사실 레스토랑은 미국의 전형적인 패밀리 레스토랑 같아서 특별할 건 없다. 이곳에서 파는 커피 또한 특별히 챙겨 먹어야 할 만큼의 맛은 아니다. 그래서 식사 전이라면 케이크를 사 들고 나가 좋아하는 커피를 산 후 함께 즐겨도 좋겠다.

사실 뉴욕에 처음 왔을 때만 해도 외식할 때마다 혈관이 막힐 것 같은 맵고 짜고 단 음식들에 적응하지 못해 애를 먹었다. 디저트라고 해서 예외가 아닌데 어딜 가든 설탕을 때려부은 듯 다디단 케이크와 도넛만 나와서 '이 맛에 적응되는 날이 오긴 할까' 걱정이 됐더랬다.

그런데 어느 날, 일본인 친구 유미가 우리 집에 방문하면서 바로 이 주니어스 치즈케이크를 선물로 들고 와 처음 맛보게 됐다. 사실 주니어스도 어쩔 수 없는 미국 브랜드라 기본적으로 달긴 하다. 그렇지만 플레인 치즈케이크만큼은 단맛이 덜한 데다 치즈 본연의 맛이 잘 구현되어 있어 한 입 먹자마자 반해 버렸다. 그 뒤로 정말 '다리를 건널 만큼' 주니어스를 자주 찾았다. 친구 집을 방문할 때도, 파티가 열릴 때도 사 들고 갔는데 호불호 없이 모두가 좋아할 만한, 그야말로 '실패 없는' 메뉴였기 때문이다. 어느 날은 뉴욕에서 사귄 친구들과 주니어스 치즈케이크를 나눠 먹다가 '이 맛이 잘 느껴지는 게 나도 뉴요커가 다 된 걸까' 하는 생각에 새삼 놀란 적도 있다.

도시를 대표하는 맛이 있다는 건 놀랍고도 축복받은 일이다. '뉴욕' 하면 떠오르는 대명사로 등극한 뉴욕 치즈케이크를 전 세계 많은 사람들이 맛봐야 할 먹거리로 찾으니 말이다. 그리고 이왕 뉴욕에서 치즈케이크를 먹는다면 주니어스에서 먹길 권한다. 뉴요커가 사랑하는 주니어스에서 정통 치즈케이크를 즐기면 잠시나마 뉴요커가 된 듯한 기분이 들 것이다. 사람 입맛은 다 다르니 단 걸 좋

아한다면 오레오 치즈케이크나 딸기 치즈케이크도 먹어볼 만하다. 그렇지만 꼭 플레인 치즈케이크도 맛보길 바란다. "가장 단순한 것이 가장 좋다Simple is the best"라는 말이 있듯이 가장 기본이 되는 맛을 추천하고 싶다. 주니어스라는 브랜드가 70년이 넘게 자리를 지키고 명성을 쌓아온 것은 이처럼 기본에 충실하며 치즈케이크 본연의 맛을 잘 구현하고 있기 때문일지도 모른다.

Eataly

맨해튼 한복판의
작은 이탈리아

이틀리

×

www.eataly.com

최근 한국인의 밥부심에 관한 게시글을 본 적이 있다. "언제 밥 한 번 먹자"를 인사처럼 나누고 범죄 용의자에게도 "밥은 먹고 다니냐"라고 물어주는 나라, 고사리나 두릅처럼 독성이 있는 식물도 말리든 튀기든 먹고야 마는 나라 한국. 엉뚱하지만 듣고 보니 그럴듯해서 웃음이 났는데 생각해 보면 우리나라 말고도 먹는 것에 진심인 나라가 또 있다. 바로 이탈리아다. 원래도 미식의 나라로 유명하지만 이탈리아 로마 출신의 친구 지오바니를 만나다 보면 이렇게까지 음식을 맛있게, 그리고 즐겁게 대하는 사람들이 있을까 싶다. 지오바니는 특히 파스타를 정말 좋아하는데, 그가 읊어대는 파스타 종류만 해도 엄청나게 많았다. 한국인이 밥심이라면 이탈리아는 '파스타심'이라고 했다.

그런데 뉴욕에서 살면서 이틀리에 직접 가보니 파스타심으로 산다는 친구의 말은 진짜였다. 이틀리의 매장에는 몇백 가지의 파스타 면이 종류별로 진열되어 있었다. 이틀리는 'Eat'와 'Italy'의 합성어인데 말 그대로 이탈리아의 식문화를 그대로 옮겨놓은 듯한 식재료 시장이다. 그 종류가 무척 다양해서 음식 백화점이라고 해도 과언이 아닐 정도다. 2007년 이탈리아 사업가 오스카르 파리네티Oscar Farinetti가 이탈리아 북부, 토리노 지역의 폐쇄된 공장을 개조해서 오픈했다고 한다. 뉴욕에는 2010년 진출했고 전 세계에 45개 정도 매장을 갖고 있다.

뉴욕만 해도 여러 지점이 있는데 내가 자주 가던 곳은 맨해튼 한복판에 있었다. 근처에 유니언스퀘어 파크, 타임스퀘어 빌딩, 플랫아이언 빌딩, 반스 앤 노블 서점 등이 있고 조금만 내려가면 소호 거리가 나온다. 굳이 이틀리만을 목적으로 가지 않아도 여기저기 이동하면서 들르기 좋다. 가구와 인테리어에 관심이 많은 나는 레스토레이션 하드웨어 가구점에 들렀다 처음 이틀리에 방문했다.

뉴욕이든 한국이든, 아니 세계 곳곳에 이탈리아 음식점이나 식료품점은 있겠지만 이렇게까지 이탈리아를 그대로 옮겨놓은 듯한 분위기의 시장은 처음이었다. 흔한 표현이지만 '뉴욕 안의 작은 이탈리아'라 부를 만하다. 기성품으로 나온 파스타 면은 물론 그 자리

에서 직접 만들어주는 생 파스타 면, 신선해 보이는 색색의 과일과 다양한 채소, 짭짤하면서 깊은 맛을 내는 프로슈토와 살라미, 이탈리아 요리를 대표하는 초록의 올리브오일과 쫀득쫀득한 젤라토까지, '이탈리아' 하면 떠올릴 법한 모든 재료가 모여 있다.

눈이 휘둥그레질 정도로 다양한 식재료와 스탠딩 테이블이 있어 구경하는 시간도 선택하는 시간도 음식을 즐기는 시간도 생각보다 오래 걸린다. 예쁘게도 늘어서 있는 올리브오일의 원산지와 성분을 꼼꼼히 봐서 하나를 고르고 갓 만들어낸 특이한 생면 파스타를 고르고 간식으로 먹을 싱싱한 납작 복숭아를 고른다. 이것저것 구입한 재료를 들고 집에서 요리를 해도 좋지만 이곳에서 식사를 하기도 한다. 서서 먹어야 하는 불편함이 있지만 이곳에서만 느낄 수 있는 시장 특유의 활기찬 분위기에서 음식을 먹을 수 있어서 충분히 감수할 만하다. 간단한 애피타이저로 식사를 시작하고 피자나 파스타로 메인 요리를 먹고 난 후 디저트와 에스프레소로 식사를 마무리한다. 눈으로 보았을 때 느껴지는 기대감만큼 그 맛 또한 기대 이상이다.

언제 가도 맛있는 이탈리아 음식을 맛보고 이탈리아 식재료를 구입할 수 있어 잠시 들르기엔 아쉬운 곳이다. 이틀리를 향한 이탈리아 사람들의 애정이 각별하다고 하는데, 향수병이 도질 때면 이곳을 찾는 사람도 있다고 할 정도다. 음식과 식재료들 말고도 매장 안 가득한 이탈리아의 냄새와 소리가 만드는 풍경이 쇼핑보다 사람들에게 더 가치 있게 느껴지는 게 아닐까.

우리나라에도 이틀리 매장이 있다. 2015년 현대백화점 판교점을 시작으로 중동점, 더현대서울 등에 입점했다. 판교점에 들른 적이 있는데 원래 이틀리는 이탈리아 식재료와 음식을 함께 파는 오픈마켓의 느낌이라면 국내에는 거의 레스토랑 형식으로 들어와 있었다. 식사하려는 사람들 위주로 매장이 구성되어 있는 데다 입점된 이탈리아 식자재 수가 너무 적었다. 타국에서의 입소문을 듣고 찾아온 구매자들은 물론이고 특히 원래 그 브랜드의 고유한 장점이 무엇인지 이미 아는 사람이라면 실망할 수밖에 없을 것이다. 울프강 스테이크나 쉐이크쉑버거나 그 외에 이름도 기억나지 않는 무수한 브랜드들이 로컬라이징에 실패하고 매장 규모를 축소하거나 철수했다. 이틀리도 처음 들어올 때만큼의 반향은 없고 지금은 그저 이탈리안 레스토랑으로 사람들이 찾는다. 완전한 실패라고 할 순 없지만 원래 그 명성에 비하면 아쉽다. 오픈마켓 같기도 하고 재래시장 같기도 한 이틀리 특유의 활기참을 살리지 못하고, 구색 맞추기라 불러도 과언이 아닐 만큼 적은 식료품 가짓수 등이 그 원인이다. 그토록 사랑했던 이틀리의 진가를 한국 사람들이 못 알아봐줘서 괜히 아쉬운 마음이다. 이에 더해, 그러하니 뉴욕에 간, 뉴욕에 체류하는 사람들에게 꼭 이틀리에 들러 진짜 이틀리의 분위기를 느껴보라 권하고 싶다.

보다 잘 살기 위한 선택

뉴욕의 마켓

한국의 마트, 슈퍼마켓은 꼭 필요한 것을 구입하기에 굉장히 합리적으로 조직된 장소다. 마트 안에 들어서면 마트에서 많이 팔고 싶은 상품, 고객 손이 많이 가는 상품, 할인 판매하는 상품이 놓여 있고 동선에 따라 냉장식품, 과일, 채소, 가공식품이 가지런하게 정리되어 있다. 일상에서 필요한 물건을 사기 위해 최적의 동선, 구성, 인테리어로 구성되어 있는 것이다.

그런데 뉴욕의 마트는 조금 다른 분위기다. 뉴욕 시내 곳곳에 있는 홀 푸드 마켓이나 트레이더 조스에 들어서면 양쪽에 늘어선 꽃이 먼저 눈에 띈다. 마트를 방문했는데 마치 화원을 방문한 듯 꽃이 가득하다. 뉴욕은 꽃 가격이 의외로 저렴해서 뉴요커들이 꽃을 구입하는 일은 특별한 날을 위한 특별한 일이 아니다. 마트에서 쇼핑을 하고 자연스레 꽃 한 다발을 구입해 그날의 저녁 테이블을 장식한다. 꽃과 함께하는 하루가 무척 당연한 일이다.

마트에 있는 상품은 가공식품은 물론 과일과 채소 같은 농산물도 생산지와 성분표가 잘 정리되어 있다. 자신에게 적당한 가격대의 상품 안에서 최선의 선택을 하도록 돕는다. 특히 홀 푸드 마켓이나 트레이더 조스는 유기농 제품을 주로 판매하는데 상품의 정보를 좀 더 꼼꼼히 적어 판매하기 때문에 건강한 음식을 만들고자 할 때 질 좋은 재료를 쉽게 고를 수 있어 좋다.

프랑스의 미식 평론가 장 앙텔므 브리야 사바랭Jean Anthelme Brillat-Savarin Brillat-Savarin은 『미식 예찬』에서 "당신이 무엇을 먹었는지 말해달라, 그러면 당신이 어떤 사람인지 말해주겠다"라고 말했다. 재료든 음식이든 모든 걸 선택할 수 있는 시대, 이제 내가 먹는 음식은 '나'라는 사람을 말해주기도 한다.

그래서 요즘 유기농 제품이 더욱 인기를 얻고 있는 듯하다. 농약을 사용하지 않은 채소나 과일, 화학색소를 쓰지 않은 젤리, 당류를 줄인 과자, 설탕을 쓰지 않은 음료, 항생제를 쓰지 않은 달걀과 우유, 화학물질을 줄인 가공식품은 단번에 우리의 몸을 달라지게 하지는 않아도 서서히 우리를 변화시킨다. 뉴욕 곳곳에 위치한 이런 마트들 덕에 비싸지 않은 가격에 유기농 라이프를 즐길 수 있었다.

뉴욕에서의 삶을 아름답게 돌아보게 되는 요인 중 하나다.

물론 일반적으로 찾는 가공식품과 좀 더 저렴한 채소와 과일을 고를 수 있는 선택지도 있다. 수입에 따라, 상황에 따라 자신에게 맞는 마켓을 찾는다면 뉴욕에서의 여행 또는 삶이 한층 더 풍요로워질 것이다.

홀 푸드 마켓 Whole Foods Market

원래 채식 위주 제품을 판매하는 가게로 시작해서인지 인공 색소, 향료, 보존제를 사용하지 않은 제품을 판매하는 마켓이다. 환경 친화적이고 깨끗한 먹거리를 제공한다는 브랜드 철학을 가지고 있으며 북미에만 500여 개가 있는 대중적인 마켓으로 뉴욕에도 곳곳에 자리 잡고 있다.

홀 푸드 마켓에서 판매하는 제품은 무엇보다 '자연스러움'을 중시한다. 인공 향료, 착색료, 보존료 등을 최소한으로 사용한 제품, 유기농으로 생산한 신선제품과 비건과 유기농 인증을 받은 화장품 등을 판매하는데, 제품군도 다양하고 종류도 많아서 선택의 폭이 넓다. 생파스타, 원하는 만큼 가져갈 수 있는 치즈, 손질된 생선류 등 신선식품이 많아서 가볍게 장을 봐 요리하기에도 좋다. 물론 우리네 마트처럼 샐러드나 샌드위치, 미트볼 등 조리된 음식도 판

매한다. 일종의 샐러드 바처럼 되어 있어서 먹을 만큼 종이 박스에 담아 무게대로 값을 치르고 마련된 테이블에 앉아 먹고 갈 수 있다. 그래서인지 여행객들도 자주 찾는 곳이다.

집 근처에 홀 푸드 마켓에 갈 때면 가기로 한 그 순간부터 향긋한 꽃 내음이 풍겨 오는 듯했다. 입구만 들어서도 꽃 향기가 코를 즐겁게 한다. 연어를 사러 간 날에는 튤립을, 파스타 면을 사러 간 날에는 수국을 함께 사 와서 식탁에 함께 두곤 했다. 홀 푸드 마켓 내에서도 가장 좋아하는 곳은 치즈와 살라미, 그리고 파스타 코너였다. 우선 종류가 많은 것이 가장 좋았다. 갓 만든 생면 파스타를 고른 후 치즈 코너에 가면 직원이 잘 어울리는 치즈를 추천해 주기도 했다. 유통 기한이 짧은 신선한 치즈와 살라미, 파스타의 조화는 레스토랑이 부럽지 않을 정도다. 허브 코너 또한 꼭 들르는 곳인데, 바질, 로즈메리, 레몬밤, 페퍼민트, 루콜라 등 다양한 허브를 잎으로만 파는 게 아니라 화분으로 팔아서 잘 관리하면 오랫동안 허브를 즐길 수 있다. 집에서 허브를 키우며 샐러드나 피자, 스테이크에 갓 딴 허브를 곁들여 먹었다. 물론 허브 코너에서 나는 은은한 허브 냄새가 좋아서 그냥 방문하기도 했다.

이곳을 드나들면서 나 또한 건강한 음식, 믿을 수 있는 식재료에 대한 관심이 많아졌다. 가족들에게 정성 들인 밥 한 끼를 먹이고 싶을 때면 어김없이 홀 푸드 마켓에 들렀다. 그래서인지 홀 푸드 마켓을 생각하면 건강한 음식과 풍성한 꽃으로 가득 채우고 가족과 함께 도란도란 이야기 나눴던 뉴욕에서의 어느 저녁 식탁이 생각난다. '잘' 살기 위해 먹는 것까지 신경 쓰고 싶은 이들을 위한 마트가 바로 홀 푸드 마켓이다.

—

트레이더스 조 Trader Joe's

2023년부터 미국에서 한국 김밥 열풍이 불면서 트레이더스 조가 뉴스에 오르내리고 있다. 한국 기업에서 만들어 트레이더스 조의 이름을 단 냉동 김밥이 틱톡 등을 통해 화제가 되었고 품절 현상까지 일으키고 있다고 한다. 미국에서 김밥은 가격이 저렴하고 고기류가 안 들어간 비건 요리로서 건강을 키워드로 미국인들에게 접근하고 있다.

트레이더스 조는 홀 푸드 마켓과 마찬가지로 건강한 먹거리를 주제로 하는 마켓이다. 가장 큰 차이점은 트레이더스 조는 자체 상품만 판다는 것인데 사실 분위기도 조금 다르다. 홀 푸드 마켓이 정돈되고 깔끔한 분위기라면 트레이더스 조는 좀 더 활기차고 자유로운 듯하다. 일하는 이들도 한결 복장이 자유롭다. 딱딱하고 틀에 맞춰 건강을 챙기는 마켓이라기보다 화학물질에 자유롭고 싶어서, 현대사회의 물질문명에 벗어나고 싶어 '자연스러움'을 추구하는 곳 같달까.

트레이더스 조는 김밥 같은 반조리 식품부터 과자, 소스, 볶음밥, 샌드위치, 시즈닝까지 온갖 분야에 다양한 PB 상품이 있고 가격도 적당해서 인기가 많다. 채소나 과일 등 신선식품이 아니면 거의 자체 생산한 PB 상품인데 지속 가능성을 목표로 유기농, 천연성분, 환경 친화적인 제품 위주로 판매해 선택의 폭이 넓다.

트레이더스 조의 환경 친화적인 브랜드의 기치는 제품에만 한정되지 않는다. 포장에서도 소비재를 최소한으로 사용하고자 한다. 장바구니를 들고 가면 계산원이 종을 쳐서 칭찬해주기도 했다. 트레이더스 조를 들러야 할 때, 기름을 많이 쓰지 않도록 집 근처의 매장을 이용하는 것이 트레이더스 조 이용자들의 암묵적인 관례이기도 하다.

일각에서는 미국에서의 오가닉이 또 하나의 집착이라고 말하기도 한다. 오가닉을 지향하는 태도가 먹고 마시는 것뿐만 아니라 입는 것, 얼굴과 몸에 바르는 것, 일상, 삶의 방향에까지 영향을 미치며, 그 삶을 과시하고 조금의 틈도 없이 오가닉한 시간을 보내는 것에 집착한다고 비판하기도 한다. 하지만 이제 오가닉은 내 삶을 위한 당연한 선택이 되었다. 많은 사람들이 자신의 몸에 즐겁게 활기차게 집중할 수 있으면 좋겠다. 그런 면에서 트레이더스 조는 기분 좋은 선택권을 준 듯하다.

타깃^{Target}

타깃은 한국 사람들이 가장 익숙하게 생각하는 마트의 모습을 갖춘 곳이다. 마켓이라기보다 마트라고 하는 게 더 어울리는데 홀 푸드 마켓이나 트레이더스 조와 달리 공산품 위주의 상품을 비싸지 않은 가격에 판매하고 있는 데다 세일도 자주 하기 때문이다. 타깃은 이름처럼 과녁 모양의 빨간색 로고가 어디에서나 눈에 띄며 멀리서도 눈에 잘 보인다. 간판은 물론 매장 내 벽도, 쇼핑 카트도, 직원들의 유니폼까지 붉은색으로 칠해져 있어 색깔로도 정체성을 명확히 하고 있다.

타깃은 말 그대로 남녀노소 모두를 '타깃'으로 한 마트다. 우리가 흔히 생각하는 마트처럼 식료품에서부터 주방·생활용품도 팔지만, 전자제품이나 아기용품, 책과 장난감 등까지 아울러 모든 것을 다 판다. 그래서 온 가족이 함께 쇼핑하기에 더없이 좋은 곳이다. 일단 들어서면 각자 원하는 곳으로 흩어진다. 남편은 전자제품 코너에 가 있고, 아이는 장난감 코너에 가서 게임기나 인형 같은 것을 만지작거린다. 그사이에 나는 집에 필요한 생활용품들을 집어 온다. 식재료와 먹을거리를 홀 푸드 마켓이나 트레이더스 조에서 산다면 대부분의 공산품은 타깃에서 산다. 일단 이곳에 가기만 하면 사고자 하는 물건은 모두 다 사 올 수 있었기 때문이다.

사람들은 타깃을 두고 서민을 위한 대형 할인마트라고들 한다. '할인마트'하면 왠지 저품질의 상품을 싼값에 사는 곳일 것 같지만 의외로 타깃에서 파는 제품들의 퀼리티는 좋은 편이다. 귀네스 펠트로나 빅토리아 베컴 외에 유명 디자이너들이 콜라보한 의류 제품은 인기가 좋아 빨리 동나기도 한다. 그래서 미국에서는 월마트보다 타깃이 훨씬 더 세련된 이미지를 갖고 있다. 게다가 거의 대부분의 타깃 매장엔 스타벅스가 들어와 있다. 처음 타깃 매장에 스타벅스가 입점되었을 때 굉장히 센세이셔널했다고 하는데, 스타벅스를 숍인숍 개념으로 입점시킴으로써 고객을 유입하고 매출을 증가시켰다고 한다. 스타벅스가 타깃에 자리 잡으며 매장 한편에서 커피 냄새를 풍기니 마트의 세련된 이미지를 만드는 데 플러스 요인이 된 것 같다. 한국인으로서 우리나라 패션 플랫폼 기업인 노브랜드^{Nobland}가 만드는 의류 제품을 만날 수 있어 더욱 반가운 곳이기도 하다.

사실 타깃 같은 큰 할인 매장은 맨해튼 중심가에선 찾기 어렵고 근교에 위치해 있어 여행객들에겐 접근성이 떨어지는 편이다. 그렇지만 근교로 나갈 일이 있거나 차로 여행을 한다면 모두가 타깃이 되는 마트이니 한번쯤 들러볼 만하다. 스타벅스 커피를 한 잔 마시며 미국식 마트란 이렇구나 구경해 보면 재미있다.

뉴욕의 비즈니스는
일찍 시작된다

뉴욕의 아침 식사

전 세계에서 가장 바쁜 도시라는 수식어에 맞게 뉴욕의 아침은 무척 이르게 시작된다. 우리나라의 직장인은 대부분 집에서 간단하게 아침을 먹거나 아예 거르고 출근하는 게 일상적이어서 아침 일찍 문을 여는 식당이 별로 없다. 옆 나라 일본도 비슷해서 시간적 여유가 있는 사람들을 위해 늦은 아침 식사를 할 수 있는 곳이 있기는 하지만 대부분은 점심 이후에 문을 연다. 유럽에서도 대부분 크루아상이나 토스트, 바게트 등으로 가볍게 아침을 먹고는 한다.

뉴욕에 갔을 때 놀란 점 중 하나는 아침 식사를 할 수 있는 곳이 많다는 것이었다. 흔히 생각하듯 베이글이나 샌드위치 같은 간단한 식사가 아니라 제대로 식사를 즐길 수 있는 곳이 많다. 호텔 레스토랑에서는 여행을 온 사람들이 다양한 종류의 음식 가득한 아침 식사를 푸짐하게 즐기고, 줄을 설 정도로 유명한 베이글 집에는 직장인이나 학생들이 도톰한 연어를 넣은 신선한 베이글 샌드위치로 든든하게 배를 채우고 있다. 조끼와 셔츠를 잘 차려입은 웨이터가 서빙하는 레스토랑에도 아침 식사를 하면서 비즈니스 대화를 나누는 직장인들이 가득하다.

낯선 도시에서든 익숙한 도시에서든 든든하게 아침을 먹고 나면 무엇이든 할 수 있을 것 같은 힘이 생긴다. 아침부터 부지런히 움직이면 오전 시간과 오후 시간을 좀 더 유용하게 쓰는 것 같아 일부러 아침 비즈니스 미팅 약속을 잡은 날도 있다.

어떤 도시나 오전, 오후, 밤에 따라 모습이 다르고 각각의 시간 모두 매력이 있지만 뉴욕은 그 매력이 더욱 특별해서 아침부터 부지런해질 수밖에 없다. 그렇기에 바쁘게 움직이는 도시에서 느긋하게 아침 식사를 한다는 것 또한 색다른 경험이기도 하다. 뉴욕이라는 도시 자체가 다양한 경험에 도전해 보라고, 이곳에서 자신만의 추억을 만들어보라고, 이 도시를 마음껏 즐기라고 말하고 있는 듯하다.

르쿠쿠 Le Coucou

영국의 역사학자 윌리엄 캠던^{William Camden}은 "일찍 일어나는 새가 벌레를 잡는다^{The early bird catches the worm}"라고 말했다. 아마도 전 세계에서 뉴욕의 직장인들이 그 정신을 이어받은 듯한데 아침 식사 자리에서도 비즈니스 미팅을 하기 때문일 것이다. 르쿠쿠는 프랑스어로 뻐꾸기가 '쿠쿠' 울어대는 소리라는 뜻인데, 그래서인지 소호에 있는 프렌치 레스토랑 르쿠쿠에 가면 새들이 지저귀는 듯 경쾌하게 들어서게 된다. 입구로 들어가면 르쿠쿠의 시그니처 바가 정면으로 보이며 손님들을 반기는데 아치형 스탠드에 각종 술이 가득하고 뉴욕에서 주로 활동하는 화가 딘 바거^{Dean Barger}가 18세기 프랑스 풍경을 그린 그림이 보인다. 거기에 화려한 샹들리에까지 달려 있으니 여기가 진짜 파리인가 싶은 생각도 든다.

새하얀 식탁보 위에 작은 꽃들이 놓여 있는 곳에서 잘 차려입은 직장인들이 노트북을 켜둔 채 종이 자료들을 보며 비즈니스 미팅을 하고 있다. 아침 일찍부터 일하는 사람들을 보고 있노라면 저렇게 열심히 살아야겠다는 생각을 하곤 했다. 에스카르고를 비롯해 모든 음식이 맛있지만 무엇보다 분위기가 좋아 하루를 경쾌하게 시작하기 더없이 좋은 곳이다. 좋은 장소에서 맛있는 음식을 먹으며 뉴욕에서 보냈던 어느 날 아침 풍경이 떠오른다.

만다린 오리엔탈 뉴욕 Mandarin Oriental New York

이름처럼 동양적인 아름다움을 담은 만다린 오리엔탈 뉴욕은 사실 아침 식사보다는 야경으로 유명한 곳이다. 센트럴 파크 남서쪽, 링컨 센터 근처에 위치해 밤이 되면 센트럴 파크와 콜럼버스 서클을 한눈에 볼 수 있기 때문이다. 뉴욕에 간다면 이런 5성급 호텔에서 아름다운 야경을 즐기고 싶지만, 역시 비용이 부담될 수밖에 없다. 그럴 때는 만다린 오리엔탈에서 아침 식사를 하면서 아쉬움을 달래보는 것도 좋겠다. 투숙객이 아니어도 레스토랑 이용이 가능하기 때문이다. 실제로 이곳은 아침에 꽤 붐비는데 여행객들과 비즈니스맨들이 가득한 것을 볼 수 있다.

아침을 먹을 수 있는 곳은 호텔 35층의 라운지에 있다. 식사 메뉴는 스크램블드에그나 에그 베네딕트, 오믈렛 등 흔하지만 편안한 메뉴다. 뷔페식이 아니어서 혼잡스러움이 덜하고 가격 부담도 덜하다. 그러면서도 호텔의 고급스럽고 정돈된 분위기를 즐길 수 있다는 것이 장점이다. 창가 자리로 예약하면 환상적인 전망을 볼 수 있는데 뉴욕에서도 이 정도의 전망을 자랑하는 곳은 드물기 때문에 아침 식사 비용의 절반은 전망을 위한 비용으로 지불한다 생각해도 아깝지 않다.

아침 햇살에 밝게 비치는 뉴욕의 모습은 밤과는 또 다른 매력을 보여준다. 하늘 높은 줄 모르고 높이 오른 빌딩 숲 사이로 들어오는 햇빛, 센트럴 파크에서 조깅을 하며 하루를 시작하는 뉴요커들, 어디론가 바쁘게 달려가는 자동차들. 시간이 가는 줄도 모르고 마냥 바라보고 있게 만든다.

특히 센트럴 파크가 있어서 만다린 오리엔탈 뉴욕의 레스토랑에서 보는 모든 풍경이 더 아름답다. 새싹이 갓 자라나는 봄의 연두색, 초목이 푸르른 여름의 초록색, 단풍으로 물든 가을의 빨간색, 눈 쌓인 겨울의 하얀색이 계절마다 달리 사람들을 맞이하기 때문이다. 물론 비 오는 날에도, 바람이 부는 날에도, 흐린 날에도 충분히 아름답다. 날씨와 계절에 구애받지 않아 더욱 편안한 곳이라 언제든지 졸린 눈을 비비면서도 부지런하게 일어나 가고 싶은 곳이 바로 이곳, 만다린 오리엔탈 뉴욕이다.

도판 출처

- **130~131쪽** 빈센트 반 고흐, 「사이프러스 나무가 있는 밀밭」, 1889년, 메트로폴리탄 미술관, 미국 뉴욕

- **138~139쪽** 로베르 캉팽, 「메로드 제단화」, 1920~1930년경, 클로이스터스 박물관, 미국 뉴욕

- **166~167쪽** 바실리 칸딘스키, 「구성 8」, 1923년, 구겐하임 미술관, 미국 뉴욕

- **174쪽** 요하네스 페르메이르, 「장교와 웃고 있는 소녀」, 1657~1658년, 프릭 컬렉션, 미국 뉴욕

- **175쪽** 요하네스 페르메이르, 「여인과 하녀」, 1666~1667년, 프릭 컬렉션, 미국 뉴욕 (위)

  요하네스 페르메이르, 「연주를 중단한 소녀」, 1658~1661년, 프릭 컬렉션, 미국 뉴욕 (아래)

- **214쪽** 피에트 몬드리안, 「브로드웨이 부기우기」, 1942~1943년, 뉴욕 현대미술관, 미국 뉴욕